Himmel un Erd

Himmel un Erd

Kochen mit

Johann Lafer

Die besten Rezepte
aus der TV-Sendung

FALKEN

Inhalt

Die Rezepte

Vorwort

JUDITH KAUFFMANN: Meine Philosophie des Genießens ist denkbar einfach: aus den besten Zutaten anspruchsvolle Gerichte auf höchstem Niveau perfekt zu zelebrieren. Mit Kaviar kann jeder Eindruck schinden. Doch auch das ganz Einfache kann perfekt sein: knusprige »Rohgebrätelte« (Bratkartoffeln) oder ein deftiger Gemüseeintopf »quer durch de Gaarte« – das sind für mich Hochgenüsse. Da erweist sich wahre Meisterschaft!

Eines haben anspruchsvolle Sterneküche ...

JOHANN LAFER: Natürlich! Gerade bei einfachen Gerichten zeigt ein Koch, was er gelernt hat. Aber vollendeten Genuss bietet nur die hohe Schule der Kochkunst. Frische Kräuter, aromatische Gewürze aus der ganzen Welt, die besten Teile vom Fleisch oder frischer Fisch, schonend gegart: So stelle ich mir himmlische Sterneküche vor.

JUDITH KAUFFMANN: Hallo, lieber Johann, bitte nicht abheben! Bodenhaftung ist angesagt. Die guten heimischen Produkte bringen mir einen Teil meiner Jugend zurück. Kohlrabi und Karotten, frisch vom Feld, wecken in mir Erinnerungen an intensive Geschmackserlebnisse der Kindheit. Die Kartoffeln, vom Opa für uns im Kartoffelfeuer gegart, Karotten, Kohlrabi und Früchte frisch aus dem Garten, zubereitet auf bewährte, überlieferte Art – sind das nicht reine Gaumenfreuden?

JOHANN LAFER: Stimmt schon: Wer das Einfache nicht schätzt, kann das Raffinierte nicht genießen. Aber wer nie auf dem Gipfel war, kann die Aussicht nicht beschreiben. Man muss sich im Leben auch mal was Besonderes gönnen.

JUDITH KAUFFMANN: Himmel und Erde – so fern und einander doch so nah! Ich gönn mir im Alltag Genüsse auf Pfälzer Art: »Keschde« (Kastanien) mit Rotkraut und Kotelett – dafür lass ich alles andere stehen.

JOHANN LAFER: Im Grunde wollen wir dasselbe: Ob Kaviar oder Bratkartoffeln – der wahre Genuss liegt in uns. Ich esse auch liebend gern ein Wiener Schnitzel – aber gut muss es sein. Beides gehört zum genussvollen Leben dazu: das Einfache und das Anspruchsvolle.

JUDITH KAUFFMANN: Da werden wir uns einig: Wenn ich alltags meine Hausmannskost bekomme, dann weiß ich zu besonderen Anlässen deine himmlische Sterneküche umso mehr zu schätzen.

Beste Qualität für beste Ergebnisse

Ein wirklich gutes Essen zuzubereiten ist gar nicht so schwer. Lust und Liebe zum Kochen und das richtige Rezept sind der Anfang. Entscheidend aber sind frische, gute Zutaten, sorgsamer Umgang mit den Lebensmitteln und das richtige »Handwerkszeug«.

Beste Zutaten – frisch auf den Tisch

Gutes Fleisch, frischer Fisch, Wild aus heimischen Wäldern, saftiges Geflügel, Kartoffeln, Gemüse und Obst aus der Region, frische Eier und Milchprodukte – damit ist Ihr Erfolg in der Küche schon fast vorprogrammiert.

Schmackhaftes Rindfleisch, zartes Kalbfleisch, ein wirklich saftiger Schweinebraten, ein gutes Stück Lamm, fangfrische Forellen, Rehrücken, ein Mastgockel oder eine Flugente sind zwar nicht billig, aber sie lohnen die Ausgabe und einigen Aufwand beim Kochen. Erstklassiges Fleisch schmeckt nicht nur besonders gut, sondern bleibt beim Braten garantiert zart und saftig. Frischer Fisch aus heimischen Flüssen und Seen ist eine Delikatesse. Fangfrische Forellen und Karpfen können Sie direkt bei den zahlreichen Pfälzer Züchtern kaufen.

Die ersten Kartoffeln sind ein besonderer Genuss. Greifen Sie auch hier zu heimischen Produkten, wenn möglich vom Erzeuger. In der Pfalz beispielsweise sind Frühkartoffeln im Juni direkt vom Bauern zu beziehen.

Was schmeckt besser als frisches Gemüse oder knackiger, frisch geernteter Salat aus der Region? Viele Gemüsesorten sind das ganze Jahr über erhältlich. Trotzdem sollten Sie vorwiegend bei ausgesprochenem Saisongemüse zugreifen. Jungen Blattspinat gibt es im März, köstlichen Spargel von April bis Juni, zarte Erbsen und Mangold von Juni bis August.

Auch das saisonale Obstangebot sollten Sie unbedingt nutzen. Erdbeeren – vielleicht sogar aus dem eigenen Garten oder auf einer Erdbeerplantage selbst gepflückt – schmecken im Frühsommer am aromatischsten. Etwas später kommt das übrige Beerenobst auf den Markt, Steinobst hat im Juni und August Hauptsaison.

... und bodenständige Hausmannskost gemeinsam: gut muss es sein!

Gemüse und Obst aus der Region sind besonders frisch. Mit dem Kauf tun Sie zugleich etwas für den Umweltschutz, denn bei heimischen Produkten entfallen aufwendige Kühlung und lange Transportwege.

Achten Sie auch bei Eiern und Milchprodukten auf gute Qualität. Eier direkt vom Bauern schmecken besonders aromatisch und frische Milch vom örtlichen Bauern ist ein wahrer Genuss.

Schließlich sollten Sie auch bei den Grundprodukten wie Mehl, Zucker, Salz, Nudeln, Reis, Öl und Bratfett auf gute Qualität Wert legen. Vielleicht bereichern Sie Ihre Küche auch mit einem besonderen Essig, wie ihn seit einiger Zeit zahlreiche rheinland-pfälzische Winzer anbieten.

Was wäre ein gutes Essen ohne Gewürze? Frisch gemahlen sind sie unvergleichlich aromatisch

Kräuter und Gewürze

Kräuter und Gewürze sind unentbehrlicher Bestandteil nahezu aller Speisen. Ob mediterraner Touch, der Duft der orientalischen Küche oder asiatische Schärfe – Gewürze spielen die entscheidende Rolle. Fertig gemahlene Gewürze verlieren sehr schnell an Duft und Geschmack. Verwenden Sie deshalb möglichst frisch gemahlene Gewürze. Gut geeignet sind die Gewürzmühlen Ceramill von WMF. Die Mahlwerke aus Keramik zerkleinern die Gewürze optimal und setzen die für Duft und Geschmack wichtigen ätherischen Öle frei. Wenn Sie häufig Kräuter zum Kochen verwenden, lohnt die Anschaffung einer Kräutermühle. Vielleicht wird sie ja das nächste Weihnachtsgeschenk.

Bei Gewürzen bekannter Hersteller ist die Gefahr einer Schadstoffbelastung gering. Lagern Sie Gewürze stets kühl und unter Lichtabschluss.

Knollengewürze wie Knoblauch und frischer Ingwer müssen in luftdurchlässigen Körben oder Tontöpfen gelagert werden, damit sie nicht faulen.

Frische Kräuter verlangen sorgsame Behandlung, damit sie ihr Aroma nicht verlieren. Schneiden Sie die Stiele an und entfernen Sie die Gummiringe, mit denen die Kräuter oft zusammengehalten werden. Stellen Sie die Kräuter sofort nach dem Einkauf oder nach der Ernte in kaltes Wasser – oder noch besser, Sie lagern sie in Frischhaltebehältern (Top-Serve-Schalen).

Gute Töpfe und Pfannen nicht nur für Profis

Auch beim »Handwerkszeug«, den Töpfen und Pfannen, zahlt sich gute Qualität auf lange Sicht aus. Es gibt Töpfe aus Edelstahl, Aluminium, Email, Gusseisen, Glas oder Porzellan. Edelstahltöpfe sind besonders empfehlenswert. Sie eignen sich für die Zubereitung der meisten Gerichte und verbinden verschiedene Kocheigenschaften hervorragend. Gute Edelstahltöpfe haben einen so genannten Sandwichboden. Kupfer und Aluminium, beides optimale Wärmeleiter, sind als Legierung in den Topfboden eingearbeitet wie der Belag auf einem Sandwich. Der völlig plane Boden nimmt die Wärme optimal von der Herdplatte auf. Bei einem 2–3 mm dicken oder noch besser extra verstärkten Boden wird die Hitze gut verteilt und gleichmäßig an das Kochgut abgegeben. Die Töpfe aus den verschiedenen Kochgeschirr-Reihen von WMF bieten Ihnen diesen Komfort.

Auch auf die Qualität der Topfgriffe sollten Sie achten. Im Gegensatz zum Topfboden sollen sie die Hitze nicht leiten, damit Sie sich beim Anfassen nicht verbrennen. Gute Topfgriffe sind spülmaschinenfest. Achten Sie auch auf einen dicht schließenden Deckel. Das ist für Energie sparendes Kochen und Garen in Dampf wichtig. Welche Töpfe Sie benötigen, hängt von Ihren Kochgewohnheiten und davon ab, welche Gerichte Sie häufig zubereiten. Töpfe mit 1,5 – 3 l Inhalt (das entspricht einem Durchmesser von 16 – 20 cm) entsprechen den meisten Anforderungen.

Mit einem Schnellkochtopf sparen Sie bis zu 70% Zeit und 40% Energie gegenüber dem herkömmlichen Garen ein. Zudem bleiben Nährstoffe und Vitamine bei kurzem Kochen besser erhalten.

Auch bei Pfannen ist gute Qualität entscheidend. Wichtig ist die Größe der Pfanne, denn bei zu viel Bratgut sinkt die Temperatur stark ab und die Lebensmittel werden nicht gleichmäßig angebraten oder die Poren des Fleisches schließen sich nicht schnell genug. Ist die Pfanne zu groß, wird das Fett leicht zu heiß und kann verbrennen. Beschichtete Pfannen sind ideal für fettarmes Braten und die Zubereitung von Eierspeisen, Fisch oder Geflügel. Diese Pfannen dürfen nicht zu stark erhitzt werden. Toll sind die Pfannen mit Deckel, in denen können Sie nämlich auch dünsten. Der Deckel verkürzt außerdem die Garzeit.

Messer, Schäler & Co.

Gute Messer sind teuer, ihre Anschaffung lohnt sich aber. Kaufen Sie lieber wenige, dafür aber qualitativ hochwertige Messer. Für einen normalen Haushalt reichen für den Anfang ein Gemüsemesser, ein Fleischmesser, ein Kochmesser und ein Schinkenmesser. Wichtig sind geschmiedete Klin-

Gutes Schneidewerkzeug – scharfe Messer und stabile Schneidebretter erleichtern die Arbeit in der Küche enorm

Eine Auswahl von feinen und groben Reiben aus Edelstahl sollte in keiner Küche fehlen

gen. Sie bleiben länger scharf als gestanzte. Die Klinge sollte ohne Fugen in den Schaft übergehen, damit sich kein schwer zu entfernender Schmutz festsetzen kann. Achten Sie beim Kauf auf einen Fingerschutz am Griff, der das Abrutschen in die Klinge verhindert.

Wichtig für gute Töpfe: Ein gerader Boden, der plan auf der Herdplatte aufliegt

Zum Zerlegen von Geflügel sind ein Tranchierbesteck und eine Geflügelschere sinnvoll. Außerdem gehört in jede Küche eine stabile Küchenschere zum Aufschneiden von Milch- und Safttüten, Gemüseverpackungen usw.

Wichtig ist auch ein Sparschäler. Er erlaubt dünnes Schälen von Obst, Gurken und Kartoffeln; mit einer Spitze können schadhafte Stellen ausgestochen werden. Ob Sie Kunststoff- oder Holzkochlöffel bevorzugen, ist eine Geschmacksfrage. Kunststofflöffel sind im Gegensatz zu Holzlöffeln jedoch spülmaschinenfest. Qualität macht sich auch bei einer stabilen, funktionstüchtigen Knoblauchpresse und bei Schneebesen bezahlt.

Schließlich sollten Metallsiebe, Schneidebretter und Schaumlöffel zu Ihrer Küchenausrüstung gehören. Schneidebretter aus Kunststoff lassen sich leicht abwaschen und auch mal in der Spülmaschine reinigen. Achten Sie beim Kauf darauf, dass die Bretter nicht von der Unterlage rutschen.

Der Herd

Ob Sie sich für einen Herd mit Elektroplatten, einem Ceranfeld oder für das Kochen mit Gas entscheiden, ist für das Gelingen eines guten Essens nicht maßgeblich. Jede Herdart hat Vor- und Nachteile. Besonders vorteilhaft ist ein Induktionsherd. Durch elektromagnetische Felder wird nur der Topfboden erhitzt, der restliche Herd bleibt kalt und überkochende Flüssigkeit oder spritzendes Fett können nicht einbrennen. Allerdings eignen sich für das Induktionskochen nur spezielle Töpfe und Pfannen.

Tipps und Tricks aus der Küche

Planen Sie die Zubereitung. Vor allem wenn Sie ein komplettes Menü kochen, sollten Sie rechtzeitig mit den Vorbereitungen beginnen und alle benötigten Utensilien bereitstellen.

Gute Vorbereitung zahlt sich nämlich aus. Eine wesentliche Erleichterung ist es, wenn Sie vor dem eigentlichen Kochen beispielsweise die Zutaten putzen, waschen und klein schneiden. Lassen Sie die Lebensmittel aber nicht zu lange im Warmen oder an der Luft stehen. Manches Gemüse oder Obst verfärbt sich unter Sauerstoffeinfluss und wird unansehnlich.

Ordnung ist das halbe Leben. Nicht nur eine zweckmäßig eingerichtete Küche erleichtert die Arbeit. Besonders in einer kleinen Küche, in der es an Stellplatz mangelt, ist es wichtig, zwischendurch mal aufzuräumen und nicht mehr benötigtes Geschirr, Töpfe und Besteck zu spülen.

Betreiben Sie Vorratshaltung. Es erleichtert Ihre Vorbereitungen ungemein, wenn Sie nicht jede Kleinigkeit erst einkaufen müssen. Folgende Vorräte sollten feste Bestandteile Ihrer Küche sein: Salz, Zucker, Mehl, Speisestärke, Paniermehl, Oliven- und neutrales Pflanzenöl, Bratfett, brauner und weißer Aceto Balsamico, Reis, Nudeln und Kartoffeln, Zwiebeln und Knoblauch und natürlich verschiedene Gewürze. Sie sollten Ihre Vorräte ständig ergänzen und Lebensmittel mit abgelaufenem Haltbarkeitsdatum ersetzen.

Auch in Ihrem Tiefkühlgerät sollten einige Vorräte lagern, etwa verschiedene Fonds und Obstpüree.

Manche Zutaten, die es fertig zu kaufen gibt, können Sie aber auch selbst zubereiten. Frisch hergestellte Kräuterbutter beispielsweise schmeckt wesentlich besser als die meisten Fertigprodukte. Garantiert! Denken Sie beim Kochen auch gleich an die Resteverwertung. Kochen Sie eine größere Menge Suppe auf Vorrat oder bereiten Sie aus den für ein Gericht nicht benötigten Fleisch- und Gemüseabschnitten einen Fond zu.

Klar, dass für eine gesunde Ernährung ein sparsamer Umgang mit Fett besonders wichtig ist. Binden Sie also die nächste Suppe statt mit Sahne einfach mit etwas in kaltem Wasser angerührter Speisestärke oder mit fein geriebenen Kartoffeln und verfeinern Sie diese mit frischen Kräutern. Sie können auch Saucen oder einen Fond leicht entfetten. Lassen Sie dafür den Fond im Kühlschrank vollständig abkühlen und nehmen Sie das Fett mit einem Löffel oder einer Schaumkelle ab. Von einem warmen Fond oder einer warmen Sauce können Sie das Fett vorsichtig mit einem Löffel abschöpfen oder mit einem Küchenkrepp absaugen.

Wenn Sie auf salzarme Ernährung achten müssen, geben frische Kräuter und intensiv duftende Gewürze Ihren Gerichten viel Geschmack. Insbesondere Seefisch eignet sich gut für eine salzreduzierte Zubereitung.

Die Regel »Derselbe Wein zum Kochen wie zum Essen« bedeutet nicht, dass Sie eine teure Auslese an den Schmorbraten gießen sollen. Verwenden Sie aber auch zum Kochen einen qualitativ hochwertigen Wein, nur dann schmeckt das Gericht auch richtig »rund«.

Himmlische Weine – aus der Erde gewachsen

Die frische regionale Küche findet in Rheinland-Pfalz mit Obst, Gemüse, Fisch und Fleisch alle Zutaten vor Ort – für einfache Speisen ebenso wie für gehobene Ansprüche.

Dies gilt noch mehr für Wein: Von der Ahr bis zur Pfalz ist das Land gesegnet mit außergewöhnlichem Weinreichtum. Sechs Weinanbaugebiete, so viele wie in keinem anderen Bundesland, und eine Winzergeneration, die sich der Qualität und der Innovation verschrieben hat, bieten himmlische Zustände für Weinfreunde.

Ob Schoppen oder Spitzenqualität – Rheinland-Pfalz bietet beides in ausreichender Menge.

Himmlischer Weingenuss – aus der Erde gewachsen. Für guten Wein braucht es himmlischen Segen – Sonne und Regen in ausreichender Menge – und die Kräfte der Erde – die Besonderheiten der Böden, »Terroir«, wie es nach den französischen Lagenklassifikationen auch genannt wird.

Spitzenrotweine von der Ahr

Es beginnt im Norden des Landes an der Ahr. Die Erde reicht auf Terrassen fast bis in den Himmel – die Spitzenrotweine von der Ahr genießen internationale Reputation. Einen einfachen, »erdigen« Wein zu finden, ist im Rotweinparadies nicht ganz leicht. Selbst der vermeintlich einfache Portugieser gerät zu einer Spezialität. An der Ahr kommt der Himmel zu seinem Recht: kein Wunder bei diesen kleinen Erntemengen. Purpurroter Spätburgunder mit klarer Farbe und fruchtiger Note. Oder im kleinen Holzfass, dem Barrique, ausgebaut mit dunkelroter Farbe und satten Holztönen im Geschmack. Lachsrosa wie die wieder im Fluss ausgesetzten edlen Fische sehen die Weißherbste an der Ahr aus – trocken ausgebaut mit sanfter Frucht. Dazu passt ein frisch geangelter Ahrfisch, wie ihn der Mayschoßer Winzer und Angler Wolfgang Hehle in »Himmel un Erd« (Seite 123) zubereitet. Winzerin Brigitta Stodden aus Rech serviert ihren edlen roten Tropfen zu einem Klassiker: Rinderroulade mit Schalotten in Rotwein (Seite 103) – eine himmlische Kombination.

Riesling höchster Qualität von Mosel, Saar und Ruwer

An Mosel, Saar und Ruwer regiert der Weißwein – königlicher Riesling so weit sich die Flüsse an den Steillagen entlangschlängeln. Die hochwertigsten Rieslinge der Welt wachsen auf den Wärme speichernden Schieferböden. Himmel un Erd kommen zu ihrem Recht: Klare, leichte, alkoholarme Weine für jeden Tag bieten die unzähligen Winzer in jedem Weinort. Eine wundervolle Stärkung nicht nur für die Fahrradfahrer entlang des Flussufers. Monika Johaentges aus Igel nimmt die nur an der Obermosel verbreitete Rebsorte Elbling, um Tafelspitz einzulegen (Seite 149) – ein typisches »Erd-Rezept«. Und der Himmel: mehrfach stellten Betriebe an Mosel, Saar und Ruwer den »Winzer des Jahres«, edelsüße Rieslingspezialitäten erzielen Höchstpreise auf der traditionsreichen Trierer Weinversteigerung. Von der Obermosel über den Bereich Bernkastel bis zu den Schwindel erregenden Steillagen der Terrassenmosel präsentiert sich das jahrtausendealte Weinanbaugebiet als weinkulinarische Erlebniswelt.

Der Mittelrhein: kraftvolle Rieslinge, wohin das Auge reicht

100 Kilometer lang erstreckt sich der Mittelrhein von Bingen bis nach Bonn. Schon wegen des Weines müsste man das Rheintal zum Weltkulturerbe erklären: Überwiegend Riesling wächst an beiden Ufern des großen Stroms. In nahezu himmlische Höhen ragen die Steillagen hinauf. Sie verlangen von den Winzern harten körperlichen Einsatz – belohnen sie aber dafür mit Weinen von seltener Güte. Besonders in den letzten Jahren kann das kleine Weinanbaugebiet auf beachtliche Qualitätssprünge verweisen. Ausländische Staatsgäste werden deshalb gerne zu einer Weinprobe oberhalb von Bacharach in den Weinberg geladen und genießen zu Johann Lafers Köstlichkeiten hervorragende Mittelrheinweine, zum Beispiel von Peter Jost. Aber auch die »Erde« kommt nicht zu kurz: Mitten im Rhein wachsen sogar auf einer Rheininsel Rebstöcke: kraftvolle, säurebetonte Weine mit typischem Riesling-Pfirsich-Aroma.

Die »ehrlichen« Weißweine der Nahe

In Sichtweite der Weinberge, nicht weit von der Nahe, wird die Sendung »Himmel un Erd« in Johann Lafers Fernsehstudio produziert: in Guldental. Silvia Lafer, Ehefrau des Fernsehkochs, war Naheweinkönigin – näher kann man dem Weinhimmel nicht sein. Im Schutze des Hunsrücks reifen Riesling, Müller-Thurgau und ausgesprochen feine Weiß- und Grauburgundertrauben. Die Rieslingauslese von Helmut Dönnhoff, Winzer des Jahres 1999, begleitete das »Himmel un Erd«-Weihnachtsmenue. »Weinpapst« Armin Diel, selbst Winzer in Burg Layen, bereichert die Weinszene mit seinen Weinkritiken und seinen Eisweinen. Bei vielen Weinfesten in den Dörfern rund um Bad Kreuznach genießen Einheimische und Besucher gerne die ehrlichen, klaren Schoppenweine – die »Erde« kommt hier nicht zu kurz.

Himmel un Erd – »Himmlischer Segen« und gute Böden sind wichtig für die Qualität eines Weines

Viel und gut: die Weine Rheinhessens

Wo ist der Himmel in Rheinhessen? Das größte deutsche Weinanbaugebiet muss ja viele einfache »Erd«-Weine hervorbringen! – oder? Stimmt schon, aber der Himmel über den rheinhessischen Hügeln ist weit. RS, der Rheinhessen-Silvaner, hat sich über die Jahre als erfolgreiches Typenweinprogramm etabliert. Passt übrigens hervorragend zu rheinhessischem Spargel. »Selection« heißen hier hochwertige Weine schon seit Jahren – lange be-

Ob edler Riesling oder, wie hier, erdiger Kerner: In Rheinland-Pfalz sind viele Weißweinreben zu Hause

vor dieser Begriff für alle Anbaugebiete eingeführt wurde. Neben überzeugenden Qualitäten in der Breite haben sich rheinhessische Winzer auch in der Spitze etabliert: Klaus Keller aus Flörsheim/Dalsheim wurde zum Winzer des Jahres 2000 gekürt. Gleich zweimal nacheinander wurden rheinhessische Winzertöchter zu Deutschen Weinköniginnen gewählt: Susanne Völker 1998, Simone Renth 1999. Bodenständige und handfeste Lebensart zeigen rheinhessische Winzer in »Himmel un Erd«. Simone Renth bereitet einen »Kirschenmichel« (Seite 55) zu, Lothar Wagner aus Siefersheim kocht einen »Backesbraten« (Seite 111).

Weiße und rote Weine aller Qualitäten aus der Pfalz

Unüberhörbar ist die Pfalz die Heimat von Judith Kauffmann. Derber, erdverbundener Genuss wird den Pfälzern unterstellt – beim Anblick der riesigen »Duppegläser« überrascht diese Vermutung nicht. Obwohl unsere Pfälzer Moderatorin die »erdige« Hälfte der Sendung vertritt, kommen »himmlische« Genüsse in der Pfalz keineswegs zu kurz. Was viele nicht wissen: Die wichtigste Rebsorte heißt Riesling. Fast die Hälfte der Pfälzer Weine werden trocken und halbtrocken ausgebaut. Rote Rebsorten sind auf dem Vormarsch und werden immer häufiger angepflanzt – und die Weine erreichen Topqualitäten. Der Preis für den besten deutschen Rotwein ging im Jahre 2000 für einen Spätburgunder an das Pfälzer Weingut Rebholz in Siebeldingen. Himmlisches Vergnügen bereitet auch die zunehmende Zahl der Winzersekte. Süße Genüsse bereitet Winzerin Uta Wehrheim aus Birkweiler in der Pfalz zu: In »Himmel un Erd« kocht sie einen »Tag-und-Nacht-Pudding« mit Schokolade (Seite 145).

Hinweise zu den Rezepten

Damit beim Nachkochen nichts schief gehen kann, hier noch einige Hinweise:

Die Zeitbegriffe bei den Rezepten sollen Ihnen helfen, den Arbeitsaufwand möglichst gut einzuschätzen. Da teilweise komplette Hauptgerichte mit Beilagen, zum Teil aber auch nur eine Suppe oder eine Vorspeise beschrieben werden, lassen sich die beiden Begriffe »geht schnell« und »braucht Zeit« nicht exakt in Minuten messen.

Gerichte, die in maximal 1 Stunde fertig zuzubereiten sind, sind mit dem Begriff »geht schnell« gekennzeichnet. Dauert die gesamte Zubereitung länger, fallen die Rezepte unter die Kategorie »braucht Zeit«.

Die Abkürzungen

Damit mehr Platz für Erklärungen bleibt, wurden im folgenden Rezeptteil einige Begriffe in der Zutatenliste abgekürzt. Im Folgenden finden Sie eine Aufstellung der verwendeten Abkürzungen und ihrer Bedeutung.

EL = Esslöffel (gestrichen)

TL = Teelöffel (gestrichen)

Msp. = Messerspitze

ml = Milliliter

l = Liter

g = Gramm

kg = Kilogramm

cm = Zentimeter

TK-… = Tiefkühl-…

Himmel un Erd: die Rezepte

Kulinarische Tradition und hochkarätige Kochinnovation treffen sich zu einem Stelldichein

Salate und Gemüse

Ob deftiger Kohl oder edler Spargel, ob einfacher gartenfrischer Kopfsalat oder feine Komposition mit Sprossen – Gemüse und Salate sind in der traditionellen Küche ebenso zu Hause wie in der hohen Kochkunst.

Spargelauflauf mit Kartoffeln

Rezept von Erika Hemmes, Gau-Algesheim

4 Personen
braucht Zeit

für den Auflauf
750 g Spargel
Salz, 1 Prise Zucker
Fett für die Form
750 g gegarte Kartoffeln
150 g roher Schinken

für die Sauce
30 g Butter
40 g Mehl
¼ l Spargelsud
¼ l Milch, 1 Eigelb
Salz
geriebene Muskatnuss

für den Belag
1 altbackenes Brötchen
50 g geriebener Käse
1 EL Butterflöckchen

Den Spargel schälen und die Enden abschneiden. Anschließend die Stangen waschen und in Stücke schneiden. In einem Topf mit ½ l Wasser, Salz und Zucker etwa 10 Minuten garen. In einem Sieb abtropfen lassen.

Für die Sauce die Butter in einem Topf zerlassen. Das Mehl darin anschwitzen. Den Topf vom Herd nehmen und die Mehlschwitze mit etwas Spargelsud ablöschen. Nach und nach den übrigen Sud sowie die Milch unterrühren.

Den Topf wieder auf den Herd stellen. Die Sauce so lange kochen lassen, bis sie cremig ist. Den Topf erneut vom Herd nehmen. Die Sauce mit dem Eigelb binden. Mit Salz und Muskat würzen.

Den Backofen auf 200 °C vorheizen (Umluft 180 °C; Gas Stufe 3). Eine große Auflaufform ausfetten. Die Kartoffeln schälen und in Scheiben schneiden. Den Schinken würfeln. Kartoffelscheiben, Spargel und Schinkenwürfel abwechselnd in die Form schichten, dabei mit einer Schicht Kartoffeln abschließen.

Den Auflauf mit der Sauce übergießen. Das Brötchen reiben. Zusammen mit dem Käse sowie den Butterflöckchen darauf verteilen und den Spargelauflauf im heißen Ofen auf der mittleren Schiene backen. Zu gegrilltem oder gebratenem Fleisch servieren.

Spargelwein
Keinesfalls darf dem königlichen Gemüse die Show gestohlen werden. Oberstes Gebot ist daher vornehme Zurückhaltung. Trockenen, allenfalls halbtrockenen Silvaner- und Burgunderweinen gelingt dieses Kunststück. Unter den Weinen, die das Gütezeichen Deutsches Weinsiegel tragen, werden Spargelweine durch eine Sonderverkostung ausgewählt.

Spargel aller Couleur

Ob der Spargel weiß oder violett aussieht, liegt in der Hand des Spargelbauern: Wird der Spargel frühmorgens gestochen, bevor er durch die Erde stößt, so ist er weiß; hat er dagegen schon einige Sonnenstrahlen abbekommen, färben sich die empfindlichen Spitzen violett. Und wächst er erst ganz an der Oberfläche, so wird er zum kräftiger schmeckenden grünen Spargel, der besonders in Frankreich und in der mediterranen Küche sehr beliebt ist. Im Gegensatz zu weißem Spargel müssen Sie grünen nur im unteren Drittel schälen.

Überbackene Spargelroulade mit Limettenhollandaise

4 Personen
braucht Zeit

für die Roulade
20 g Butter
120 g Mehl
2 Eigelb
1 Ei
¼ l Milch
Salz
2 EL gehackte Kräuter
40 g Butterschmalz
½ Limette
150 g Crème fraîche
8 Scheiben Räucherlachs

für den Spargel
8 Stangen weißer Spargel
2–3 Schalotten
1–2 Knoblauchzehen
50 g Butter
Salz, schwarzer Pfeffer
1 Zitrone
2 Zweige frischer Estragon
100 ml Weißwein

für die Hollandaise
5 Eigelb
1 Limette
Salz
140 g weiche Butter

Die Butter zerlassen. Mit dem Mehl, den Eigelben, dem Ei, der Milch und Salz in einer Schüssel mit dem Stabmixer zu einem Crêpeteig verarbeiten. Die Kräuter unterrühren. In einer Pfanne 10 g Butterschmalz erhitzen. Etwas Teig darin verteilen und auf beiden Seiten hellbraun backen. Aus dem übrigen Teig im restlichen heißen Butterschmalz 3 dünne Crêpes backen.

Den Spargel schälen und die Enden abschneiden. Die Schalotten schälen und würfeln. Den Knoblauch schälen und hacken. Die Butter in einem Topf erhitzen, die Schalotten und den Knoblauch darin glasig dünsten. Den Spargel dazugeben und anbraten, ohne dass die Stangen Farbe annehmen. Mit Salz und Pfeffer würzen.

Die Zitrone schälen, dabei auch die weiße Haut entfernen, und in Scheiben schneiden. Den Estragon waschen, trocknen und mit den Zitronenscheiben zum Spargel geben. Mit dem Weißwein aufgießen und zugedeckt etwa 15 Minuten garen. Herausnehmen und abkühlen lassen.

Die Limettenhälfte heiß waschen. Die Schale abreiben, den Saft auspressen. Mit der Crème fraîche verrühren und salzen. Die Crêpes mit der Creme bestreichen. Den Lachs darauf legen. Auf jede Crêpe 2 Spargelspitzen legen und das Ganze fest einrollen.

Den Backofen auf 225 °C (Umluft 200 °C; Gas Stufe 4) vorheizen. Vom Spargelsud 100 ml abmessen. Die Limette heiß waschen. Die Schale abreiben und den Saft auspressen. Mit Spargelsud und Eigelben über einem heißen Wasserbad aufschlagen und salzen. Dann 120 g Butter zufügen und alles glatt rühren. Eine Form mit der übrigen Butter ausfetten. Die Spargelrouladen hineinlegen und mit der Hollandaise überziehen. Im Ofen 15 Minuten überbacken.

Zeit für frischen Spargel

Von April bis Johanni (24. Juni) wird in den deutschen Spargelgegenden das edle Gemüse gestochen. Den Rest des Jahres kommt der Spargel aus Mexiko und Südafrika zu uns. Im Frühjahr beliefern vor allem Frankreich, Italien und Griechenland die ersten Spargelgenießer.

Frischen Spargel erkennen Sie an einer hellen, glatten und noch etwas saftigen Schnittfläche, die Köpfe sollten fest geschlossen sein und die Stangen leicht quietschen, wenn Sie sie aneinander reiben.

Feldsalat auf Lachscreme

Rezept von Irmgard Schneichel, Kruft

4 Personen
geht schnell

für den Salat
150–200 g Feldsalat
4 Scheiben Toastbrot

für die Lachscreme
1 Bund Dill
200 g Räucherlachs in Scheiben
200 g Frischkäse
2 EL Sahne

für die Sahnesauce
1 mittlere Zwiebel
3–4 EL Essig
150–200 g Sahne
Salz
schwarzer Pfeffer

Den Feldsalat waschen, putzen und verlesen. Anschließend mit einer Salatschleuder gründlich trockenschleudern oder zum Abtropfen in ein Sieb geben.

Für die Lachscreme den Dill waschen und trockenschütteln. Etwas Dill zum Garnieren beiseite legen, den restlichen Dill klein schneiden. Die Lachsscheiben fein würfeln.

Den Frischkäse mit der Sahne verrühren. Den Dill sowie den Lachs darunter rühren. Von dieser Masse mit einem Löffel jeweils 2 Nocken abstechen und auf einen Teller geben.

Für die Sahnesauce die Zwiebel schälen und klein würfeln. Mit dem Essig, der Sahne, Salz und Pfeffer in einer Schüssel mit einem Schneebesen schaumig schlagen.

Den Feldsalat mit der Sahnesauce in der Schüssel vermischen. Nach Geschmack nochmals salzen und pfeffern. Die Toastbrotscheiben im Toaster goldbraun rösten.

Den Feldsalat mit den gerösteten Toastbrotscheiben zu der Lachscreme auf die Teller geben. Mit dem restlichen Dill garnieren und servieren.

Säurearme Weine
Feldsalat ist ein zartes Pflänzchen mit einem ebenso feinen, leicht nussigen Geschmack. Wer ihn genießen möchte, wählt einen säurearmen Weißen als Tischbegleiter für den »kleinen Grünen« aus, etwa einen milden Müller-Thurgau, einen kompakten Ruländer, auch Grauburgunder oder Pinot Gris genannt, einen weichen Traminer oder einen Wein aus der Siegerrebe.

Das Grün für Scharfseher
Der Feldsalat erfreut sich als winterliche Salatvariante steigender Beliebtheit. Aber nicht nur sein Geschmack macht ihn so wertvoll: Neben Kalium, Eisen, Vitamin C und Vitamin B_6 hat er einen hohen Gehalt an Vitamin A und seiner Vorstufe, dem Beta-Carotin, zu bieten.

Vitamin A ist für das Sehvermögen wichtig und sorgt für einen »scharfen« Blick. Wer viel am Bildschirm arbeitet und damit einen höheren Vitamin-A-Bedarf hat, sollte öfter mal Feldsalat auf seinen Speiseplan setzen.

»

Kartoffel-Kräuter-Schaum mit Feldsalat und warmer Speckvinaigrette

4 Personen
braucht Zeit

für den Kartoffel-Kräuter-Schaum
½ kg mehlig kochende Kartoffeln
Salz
100 ml Milch
80 g Butter
2 EL geschlagene Sahne
2 EL gehackte Kräuter (Kerbel, Petersilie, Schnittlauch)
schwarzer Pfeffer
geriebene Muskatnuss

für die Vinaigrette
150 g Räucherspeck
20 ml Rapsöl
2 EL Schalottenwürfel
60 ml Fleischbrühe
3–5 EL weißer Aceto Balsamico
4 EL Walnussöl
Salz
1 Msp. gemahlener Kümmel

für den Salat
200 g Feldsalat

für die Kartoffelchips
1 kleine rohe Kartoffel
4 EL Butterschmalz
schwarzer Pfeffer

Für den Kartoffel-Kräuter-Schaum den Backofen auf 180 °C (Umluft 160 °C; Gas Stufe 2) vorheizen. Die Kartoffeln waschen und in Salzwasser etwa 10 Minuten kochen lassen. Das Wasser abgießen, die Kartoffeln mit der Schale in Alufolie wickeln und im heißen Ofen etwa 45 Minuten garen. Herausnehmen, ausdämpfen lassen und schälen.

Die Milch mit der Butter kurz aufkochen. Die heißen Kartoffeln in die kochende Milch-Butter-Mischung pressen. Die Sahne und die Kräuter darunter rühren und das Püree mit Salz, Pfeffer und Muskat abschmecken. Die Masse mit einem Schneebesen so lange rühren, bis sie homogen ist.

Für die Speckvinaigrette den Speck würfeln. Das Rapsöl in einer Pfanne erhitzen und die Speckwürfel darin nicht zu scharf anbraten. Die Schalottenwürfel zufügen und alles mit der Fleischbrühe ablöschen. Die Pfanne kurz vom Herd nehmen, den Aceto Balsamico dazugießen, die Pfanne wieder auf den Herd stellen und alles leicht einkochen. Die Pfanne erneut vom Herd nehmen. Nach und nach das Walnussöl unterrühren. Mit Salz und Kümmel abschmecken.

Den Feldsalat waschen, putzen und in der Salatschleuder gründlich trocknen. Den Kartoffel-Kräuter-Schaum mit dem Spritzbeutel kreisförmig auf 4 Teller spritzen und darin den Feldsalat dekorativ anrichten. Das Ganze mit der Speckvinaigrette beträufeln.

Für die Kartoffelchips die Kartoffeln schälen und in dünne Scheiben schneiden. Das Schmalz erhitzen, die Scheiben darin ausbacken. Herausnehmen, auf Küchenkrepp abtropfen lassen, salzen und über den Salat streuen.

Frisch auf den Tisch

Feldsalat sollte beim Einkauf immer frisch sein und möglichst bald verarbeitet werden. Mit der Dauer der Lagerung verliert er viele Vitamine, besonders hoch ist der Vitamin-C-Verlust. Ideal ist daher, wenn Sie das wertvolle Grün im eigenen Garten ziehen und frisch auf den Tisch bringen können. Besondere Sorgfalt ist beim Waschen nötig, da der Salat meist sehr sandig ist. Am besten schneiden Sie die Blätter oberhalb der Wurzeln ab und spülen sie nochmals durch. Danach sollten Sie sie unbedingt trockenschleudern oder sehr gut trockentupfen, weil die zarten Blätter Feuchtigkeit verabscheuen.

Schaumsuppe von Feldsalat mit Speckcroûtons

4 Personen
braucht Zeit

für die Schaumsuppe
2 Schalotten
20 g Butter
100 ml Weißwein
800 ml Fleischbrühe
Salz
schwarzer Pfeffer
150 g Feldsalat
1 Knoblauchzehe
11 EL Rapsöl
300 g Sahne
Chili aus der Gewürzmühle
4 EL geschlagene Sahne

für die Speckcroûtons
4 Scheiben Weißbrot
2 EL gewürfelter Räucherspeck

Die Schalotten schälen und fein würfeln. Die Butter erhitzen, die Schalotten darin dünsten und mit dem Weißwein ablöschen. Das Ganze mit der Fleischbrühe auffüllen, salzen, pfeffern und einkochen lassen.

Inzwischen den Feldsalat waschen, putzen und trockenschleudern. Den Knoblauch schälen und hacken. Mit dem Feldsalat und 9 EL Rapsöl in ein hohes Gefäß geben und mit dem Stabmixer sehr fein pürieren.

Die Sahne zu der Fleischbrühe geben und alles nochmals um die Hälfte einkochen lassen. Nach Belieben nochmals mit Salz und Pfeffer abschmecken. Die Suppe mit dem Stabmixer schaumig aufschlagen. Den pürierten Feldsalat darunter mixen. Mit Chili abschmecken und die geschlagene Sahne unterheben.

Das Weißbrot in etwa 1 cm große Würfel schneiden. Das übrige Rapsöl in einer Pfanne erhitzen. Die Brot- und Speckwürfel darin kross anbraten. Herausnehmen und in der Suppe servieren.

Schaumsuppe von Feldsalat mit Speckcroûtons

Borschtsch

Rezept von Valentina Breitenbach, Mainz

4 Personen
braucht Zeit

1 Bund Suppengrün
500 g Rindfleisch
Salz
300 g Rote Bete
2 EL Öl
1 EL Zucker
1 EL Essig
100 g Tomatenmark
2 Zwiebeln
150 g Karotten
1 Petersilienwurzel
25 g Butter
100 g Kartoffeln
400 g Weißkohl
1–2 Knoblauchzehen
6 schwarze Pfefferkörner
2 Lorbeerblätter
100 g saure Sahne
1 EL gehackter Dill
1 EL gehackte Petersilie

In einem Topf 2 l Wasser zum Kochen bringen. Das Suppengrün waschen, putzen und mit dem Fleisch sowie etwas Salz hinzufügen. Alles etwa 1 Stunde 30 Minuten kochen, bis das Fleisch weich ist. Das Fleisch aus der Brühe nehmen, kalt stellen und anschließend in Würfel schneiden. Die Brühe beiseite stellen.

Die Rote Bete schälen und in feine Streifen schneiden. Das Öl erhitzen und die Rote Bete darin anbraten. Zucker, Essig und Tomatenmark darunter rühren und das Gemüse etwa 30 Minuten zugedeckt schmoren lassen. Anschließend beiseite stellen.

Inzwischen Zwiebeln, Karotten und Petersilienwurzel schälen und raspeln. Die Butter erhitzen und das Gemüse darin anbraten. Anschließend beiseite stellen.

Die Kartoffeln schälen und würfeln, den Weißkohl putzen, waschen und in feine Streifen schneiden. Mit den Kartoffeln in die beiseite gestellte Brühe geben und 15 Minuten zugedeckt kochen.

Die Knoblauchzehen schälen und fein hacken. Die Rote Bete, die Zwiebeln, die Karotten, die Petersilienwurzel, die Pfefferkörner und die Lorbeerblätter zu den Kartoffeln und dem Kohl in die Brühe geben und alles weitere 10 Minuten kochen lassen.

Die beiseite gestellten Fleischwürfel in den Eintopf geben und darin kurz erwärmen. Die saure Sahne mit den Kräutern unterrühren und das Gericht sofort servieren.

Rote-Bete-Saft

Ein richtiger Energiedrink für Wintertage ist der Rote-Bete-Saft. Die Rote Bete schälen, klein schneiden und in einen Entsafter geben. Mit Zitrone und Honig abschmecken. Lieblicher schmeckt der Rote-Bete-Saft, wenn Sie einen kleinen Apfel mit entsaften.

Rote Bete

Rote Beten, auch rote Rüben, Randen oder Rannen genannt, sind die rotfleischigen Wurzeln einer Rübenart, die vor allem zu Salaten und als Gemüse verwendet wird. Das Wintergemüse war bereits im Mittelalter in Deutschland bekannt. Rote Beten schmecken leicht erdig und aromatisch und wirken durch den hohen Gehalt an Eisen, Kupfer und Folsäure Blut bildend. Es gibt inzwischen auch Neuzüchtungen mit weißem oder gelbem Fruchtfleisch.

»

Carpaccio von Roter Bete und Kartoffel mit gebratenen Saiblingsfilets

4 Personen
braucht Zeit

für das Carpaccio

2 Knollen Rote Bete
300 g Kartoffeln (Bamberger Hörnchen)
Salz
4 Saiblingsfilets
20 g Butterschmalz
schwarzer Pfeffer
1 Schalotte
2 Knoblauchzehen
2 Thymianzweige
1 Rosmarinzweig
20 g Butter
Friséesalat und Kerbel zum Garnieren

für die Marinade

3 EL Olivenöl
1 ½ EL Weißweinessig
2 EL Fischfond
Schale von 1 Limette
Salz
schwarzer Pfeffer
½ EL gehackte Petersilie
½ EL Schnittlauchröllchen

Den Backofen auf 170 °C (Umluft 150 °C; Gas Stufe 2) vorheizen. Die Rote Bete waschen, in Alufolie wickeln und im heißen Ofen etwa 1 Stunde 30 Minuten garen.

Die Kartoffeln waschen und in Salzwasser garen. Rote Bete und Kartoffeln noch warm schälen, abkühlen lassen und in dünne Scheiben schneiden.

Die Saiblingsfilets von den Gräten befreien. In einer Pfanne das Butterschmalz erhitzen, die Saiblingsfilets darin anbraten und mit Salz und Pfeffer würzen.

Die Schalotte schälen und halbieren, die Knoblauchzehen schälen und andrücken. Den Thymian und Rosmarin waschen und trockenschütteln. Mit den halbierten Schalotten und den Knoblauchzehen zu den Fischfilets in die Pfanne geben. Die Fischfilets bei schwacher Hitze braten, bis sie gar sind. Dann die Schalotten, Knoblauchzehen und Kräuter aus der Pfanne nehmen.

Die Butter in der Pfanne zerlassen und den Fisch damit überziehen.

Die Rote-Bete-Scheiben abwechselnd mit den Kartoffelscheiben kreisförmig auf Tellern anrichten und mit Salz und Pfeffer würzen.

Für die Marinade das Öl in die gleiche Pfanne geben, in der die Fischfilets gebraten wurden. Essig mit Fond und Limettenschale zufügen. Salzen, pfeffern und etwas einkochen lassen.

Die Fischfilets auf den Rote-Bete- und Kartoffelscheiben anrichten. Petersilie und Schnittlauch in die Marinade geben und diese über dem Carpaccio verteilen. Mit Friséesalat und Kerbel garnieren.

Vorsicht Farbe!

Sorgfalt ist bei der Zubereitung der rotfleischigen Sorten geboten: Der austretende rote Saft kann hartnäckige Spuren an den Händen und auf der Kleidung hinterlassen! Daher die Knollen abbürsten, in Salzwasser ca. 20 bis 40 Minuten weich kochen oder noch besser im Ofen backen, wie im Rezept angegeben, abschrecken, dann erst die Schale abziehen und weiterverarbeiten. Falls doch ein Fleck entsteht: Die Farbe lässt sich mit Zitronensaft oder Essig relativ leicht entfernen.

Milchferkelkotelett auf gebratenen Steinpilzen in Rahmsauce mit Wirsingpfannkuchen

Rezept von Hubert van Gemert, St. Goarshausen

4 Personen
braucht Zeit

für das Fleisch
1 Milchferkelrücken, vorbereitet als Sattel mit je 4–5 kleinen Kotelettes am Stück
Salz, schwarzer Pfeffer
Sonnenblumenöl zum Braten

für die Sauce
500 g Steinpilze
2 Schalotten
200 g Bauchspeck
Öl zum Braten
400 ml Geflügelfond
250 g Sahne
Salz, schwarzer Pfeffer
geriebene Muskatnuss
1 Bund Schnittlauch

für die Pfannkuchen
1 Kopf Wirsing
50 g Bauchspeck
1 Schalotte
Salz, schwarzer Pfeffer
2 Eier, 2 EL Mehl
50 ml Bier
Öl zum Braten
geriebene Muskatnuss
50 g Paniermehl

für die Garnitur
4 Thymianzweige
Tomatenfilets

Den Backofen auf 200 °C (Umluft 180 °C; Gas Stufe 3) vorheizen. Den Milchferkelrücken zur Krone parieren, d. h. von Haut und Sehnen befreien, zwischen den Koteletts etwas einsägen und zu einer Krone biegen. Die Schwarte kreuzförmig einschneiden. Das Fleisch salzen und pfeffern. Das Öl erhitzen. Das Fleisch darin anbraten. Im Ofen 15 Minuten garen. Hitze auf 80 °C reduzieren, Fleisch noch 10 Minuten garen. In Koteletts teilen.

Für die Sauce die Pilze putzen und würfeln. Schalotten schälen und hacken, Speck würfeln. Etwas Öl erhitzen, Schalotten und Speck darin anbraten. Pilze zugeben und mitbraten. Mit Fond ablöschen und 10 Minuten kochen. Sahne zufügen und Sauce köcheln lassen, bis sie eindickt. Mit Salz, Pfeffer und Muskat würzen. Schnittlauch waschen, trocknen, in Röllchen schneiden und unterrühren.

Für die Pfannkuchen die Wirsingblätter ablösen und waschen. Den Speck würfeln, die Schalotte schälen und hacken. Den Wirsing in kochendem Salzwasser 3 Minuten blanchieren, abschrecken und trockentupfen. Die Mittelrippe entfernen und alles klein schneiden. Eier, Mehl und Bier zu einem dünnflüssigen Teig verrühren.

Das Öl erhitzen, die Schalotten und den Speck darin anbraten. Das Fett abgießen. Speck und Wirsing unter den Teig mischen. Mit Salz, Pfeffer und Muskat würzen. Wenig Öl erhitzen und etwas Teig darin verteilen. Mit Paniermehl bestreuen und beidseitig goldbraun backen. Aus dem übrigen Teig weitere kleine Pfannkuchen backen.

Das Fleisch auf der Steinpilzsauce anrichten, mit den Thymianzweigen und den Tomatenfilets garnieren. Mit den Wirsingpfannkuchen servieren.

Die Familie der Kohlköpfe

Für den Botaniker sind sie Kreuzblütler, für alle anderen einfach ein leckeres Gemüse. Die meistverkaufte Kohlsorte ist der Weißkohl. Er ist der glatte Verwandte des Wirsings und wird überwiegend zu Sauerkraut verarbeitet. Der Rotkohl schmeckt nicht nur zum Gänsebraten gut, sondern auch als Rohkost. Bei Brokkoli und Kohlrabi langen auch kleine Genießer herzhaft zu. Offensichtlich ist die Verwandtschaft zwischen Grünkohl und Wirsing: krause, grüne Blätter – am Strunk beim Grünkohl, als locker schließender Kohlkopf beim Wirsing. Ein kleiner, aber edler Verwandter ist der Rosenkohl.

»

Zander-Garnelen-Kuppeln im Wirsingblatt auf Wirsingrahmsauce

4 Personen
braucht Zeit

für die Zander-Garnelen-Kuppeln

6 Thymianzweige
300 g Zanderfilet
2 EL Sahne, Salz
Chili aus der Gewürzmühle
30 g junger Porree
50 g Karotte
4 Wirsingblätter
4 Garnelen, küchenfertig
2 Schalotten
20 g Butterschmalz, 1 EL Butter

für die Sauce

6 Wirsingblätter
100 g Champignons
Salz, 20 g Olivenöl
2 EL Schalottenwürfel
1 EL gehackter Knoblauch
schwarzer Pfeffer
50 ml Fleischbrühe
20 ml Weißwein
80 g Sahne
1 Tomate, geschält
1 EL Estragonblätter

Magenbitter

Wenn man nach einem deftigen Kohlgericht gesättigt ist, kommen sie wie gerufen. Die Wirkungen der hochprozentigen Mischung aus Wasser und Kornbrand sind vielfältig: vom Verdauungsschnaps bis hin zum Allheilmittel bei vielerlei Gebrechen.

Für die Kuppeln den Thymian waschen und trocknen. Von 2 Zweigen die Blättchen abzupfen, den Rest beiseite legen. Das Zanderfilet klein würfeln. Die Sahne unterrühren. Alles mit Salz, Chili und Thymianblättchen würzen. Den Porree waschen und putzen, die Karotte schälen. Beides sehr fein würfeln und unter die Zandermasse mischen. Die Wirsingblätter in Salzwasser blanchieren. In Eiswasser abschrecken und trockentupfen.

Einen Schöpfer oder Kuppelformen mit einem Durchmesser von 8 cm mit Butter ausstreichen und 1 Wirsingblatt hineinlegen, 2 EL der Zandermasse hineindrücken, 1 Garnele darauf legen und salzen. Mit Zandermasse auffüllen und das Kohlblatt einklappen, sodass alles gut verschlossen ist. Den Vorgang mit den restlichen 3 Kohlblättern wiederholen.

Den Backofen auf 160 °C (Umluft 140 °C; Gas Stufe 1) vorheizen. Die Schalotten halbieren. Das Schmalz erhitzen. Die Kuppeln darin anbraten. Schalotten und übrigen Thymian zufügen. Die Kuppeln wenden, salzen, mit Butter glasieren. Im Ofen 15 Minuten garen.

Für die Sauce die Wirsingblätter im kochenden Salzwasser blanchieren, in Eiswasser abschrecken, trockentupfen, von der dicken Mittelrippe befreien und klein würfeln. Die Champignons feucht abreiben, putzen, vom Stiel befreien und würfeln.

Das Olivenöl erhitzen. Schalotten und Knoblauch darin glasig dünsten. Die Pilze mitbraten. Alles salzen und pfeffern. Mit Brühe, Wein und Sahne aufgießen. Den Wirsing zufügen und die Sauce einkochen. Tomate würfeln. Mit Estragon unter den Wirsing mischen. Zu den Zander-Garnelen-Kuppeln reichen.

Wirsing lagern

Sie sind auf den Geschmack gekommen und wollen nun immer einen Wirsing greifbar haben? Für eine optimale Lagerung sollten Sie einen dunklen, trockenen und kühlen Ort, am besten einen Keller mit Lehmboden, haben. Dort können Sie die frisch abgeschnittenen Köpfe ca. 2 bis 5 Tage lagern. Oder Sie graben den Wirsing mit Wurzel aus und pflanzen ihn in eine Kiste um. So bleibt der Wirsing lange knackig und frisch.

Gemüseeintopf mit Linsenkeimlingen

4 Personen
braucht Zeit

Rezept von Elisabeth Weber, Mainz

750 g Kartoffeln
300 g Karotten
2 Stangen Sellerie mit Grün
350 g Wirsing
40 g Butter
2 Lorbeerblätter
1 EL getrockneter Thymian
3/4 l Gemüsebrühe
400 g Porree
Salz
schwarzer Pfeffer
2 Tassen Linsenkeimlinge

Die Kartoffeln schälen, waschen und in Würfel schneiden. Die Karotten schälen und in Scheiben schneiden. Die Selleriestangen putzen, waschen und in Scheiben schneiden. Das Selleriegrün waschen, trockenschütteln und fein hacken. Den Wirsing waschen und in breite Streifen schneiden. Dabei die dicke Mittelrippe der Blätter entfernen.

Die Butter in einem Topf erhitzen. Die Kartoffelwürfel mit den Karotten- und Sellerieescheiben darin andünsten. Die Lorbeerblätter und den Thymian dazugeben und alles mit der Gemüsebrühe auffüllen. Die Suppe zugedeckt bei mittlerer Hitze etwa 15 Minuten kochen lassen.

Inzwischen den Porree putzen, waschen und in dünne Ringe schneiden. Anschließend in den Gemüseeintopf geben und das Ganze weitere 5 Minuten garen. Mit Salz und Pfeffer abschmecken.

Die Keimlinge waschen und in einem Sieb abtropfen lassen. Vor dem Servieren zusammen mit dem beiseite gelegten Selleriegrün in den Gemüseeintopf geben.

Gemüseeintopf mit Linsenkeimlingen

Feldsalat mit Keimlingen

Rezept von Elisabeth Weber, Mainz

4 Personen
geht schnell

250 g Feldsalat
½ Tasse Radieschenkeimlinge
½ Tasse Senfkeimlinge
2 EL Aceto Balsamico
4 EL Kürbiskernöl
Salz
schwarzer Pfeffer
1 Prise Zucker

Den Feldsalat waschen, putzen und trockenschleudern. Die Keimlinge waschen und in einem Sieb gründlich abtropfen lassen. Anschließend die Keimlinge mit dem Feldsalat in einer großen Salatschüssel vermischen.

In einer kleinen Schüssel den Aceto Balsamico und das Kürbiskernöl mit einem Schneebesen zu einem cremigen Dressing verrühren. Mit Salz und Pfeffer herzhaft abschmecken. Das Dressing kurz vor dem Servieren über den Salat gießen und alles vorsichtig mischen.

Tipp: Zur Abwechslung können Sie 2–3 kleine fest kochende Kartoffeln mit der Schale in wenig Salzwasser in etwa 15 Minuten garen. Herausnehmen und vollständig abkühlen lassen. Anschließend die Kartoffeln schälen, in Scheiben schneiden und unter den Feldsalat mit Keimlingen mischen.

Kombucha

Die ideale Ergänzung zu den vitaminstrotzenden Keimlingen ist ein gesundes Getränk: Dreimal täglich ein Glas – Kombucha gilt in China seit Jahrtausenden als Gesundbrunnen. Das frische, säuerliche Getränk wird aus grünem Tee und Zucker hergestellt, der mit einem Kombucha-Teepilz nach uralter Heilkunst vergoren wird. Aufgrund seines leichten Alkoholgehaltes sollte Kombucha nicht als Durstlöscher getrunken werden.

Kraftpakete

Die sich aus Pflanzensamen entwickelnden Sprossen sind hochwertige Nahrungsmittel und bestens als Gemüsealternative geeignet – sie werden besonders in den Wintermonaten als hochwertige Vitaminspender geschätzt. Als Pflanzenkeimzelle enthalten sie reichlich Vitamine und Eiweißstoffe. Zur Aufzucht von Keimlingen eignen sich prinzipiell alle Samen von Pflanzen, deren Blätter, Stängel und Früchte essbar sind, z. B. Getreide wie Weizen, Roggen und Hafer, aber auch Hülsenfrüchte wie Sojabohnen, Mungbohnen und Kichererbsen sowie andere Samen, z. B. Kresse, Senf, Sesam und Sonnenblumenkerne.

»

Kartoffel-Keimlings-Küchlein mit Salat von Hähnchenbrust und Keimlingen

4 Personen
braucht Zeit

für die Küchlein

75 ml Milch
½ Würfel frische Hefe
125 g Mehl
100 g gemischte Keimlinge
20 ml Rapsöl
200 g gekochte Kartoffeln
Salz, schwarzer Pfeffer
geriebene Muskatnuss
3 Eier
2 EL grob gehackte Petersilie
2 EL Rapsöl zum Backen

für die Marinade

50 g Zucker
Saft von 2 Limetten
200 ml Gemüsebrühe
50 ml Rapsöl

für den Salat

3 EL Rapsöl
2 küchenfertige Hähnchenbrüste
Salz, schwarzer Pfeffer
1 Kopf Endiviensalat
8 Frühlingszwiebeln
280 g gemischte Keimlinge
2 Tomaten

Für die Küchlein die Milch lauwarm erwärmen. Die Hefe darin auflösen und die Hefemilch mit dem Mehl verrühren. Die Keimlinge waschen und trocknen. Das Rapsöl erhitzen und die Keimlinge darin kurz anbraten. Die Kartoffeln durch die Kartoffelpresse drücken. Mit den Keimlingen zur Mehlmischung geben. Mit Salz, Pfeffer und Muskat würzen und alles vermischen.

Die Eier trennen. Die Eiweiße mit einer Prise Salz steif schlagen. Die Eigelbe unter die Teigmasse rühren. Eischnee und Petersilie unterheben. Den Teig 30 Minuten zugedeckt gehen lassen. Dann das Rapsöl erhitzen und darin aus dem Teig Küchlein ausbacken.

Für die Marinade den Zucker leicht karamellisieren. Mit dem Limettensaft ablöschen, mit der Gemüsebrühe auffüllen und die Mischung einkochen lassen. Anschließend abkühlen lassen und das Rapsöl langsam mit einem Stabmixer darunter mixen.

Für den Salat das Rapsöl in einer Pfanne erhitzen. Die Hähnchenbrüste darin anbraten. Mit Salz und Pfeffer würzen. Mit etwas Marinade ablöschen und alles leicht einkochen lassen.

Die Pfanne vom Herd nehmen, das Fleisch etwas abkühlen lassen und in Scheiben schneiden. Den Salat putzen, in Streifen schneiden und waschen. Die Frühlingszwiebeln putzen, waschen und in Streifen schneiden. Die Keimlinge waschen und abtropfen lassen. Die Tomaten überbrühen, enthäuten, entkernen und in Stifte schneiden. Den Salat mit Keimlingen und Frühlingszwiebeln mischen. Hähnchenbruststreifen und Tomatenstifte darauf streuen. Mit Salz und Pfeffer würzen und mit der Marinade beträufeln. Auf Tellern verteilen und die Küchlein darauf anrichten.

Es sprießt

Keimlinge können Sie ganz einfach selbst ziehen: Samen abspülen und in lauwarmem Wasser einweichen (je nach Schalendicke von 6 bis zu 18 Stunden). Dann abgießen, gut abspülen, abtropfen lassen und in ein Keimgefäß oder ein mit Mulltuch verschlossenes Glas geben und ab auf die Fensterbank zum Keimen. Zwei- bis dreimal am Tag müssen die Keimlinge durchgespült werden. Die Keimlinge dürfen nicht im Wasser stehen und sollten immer mit Sauerstoff versorgt sein. Je nach Samenart können Sie die Keimlinge nach zwei bis sechs Tagen fertig genießen.

Keschde mit Rotkohl un Kottlett

Rezept von Jürgen Mathäß, Landau

4 Personen
braucht Zeit

für den Rotkohl
1 Kopf Rotkohl
Salz
Honig
3–4 EL Rotweinessig
¼ l Rotwein
1 Zwiebel
20 g Butter
¼ l fette Brühe
1 Zimtstange
3–4 Nelken
2 Äpfel

für die Keschde
1 kg frische Maronen
Salz
½ l Gemüsebrühe
2 Zwiebeln
1 Bund glatte Petersilie
30 g Butter
½ TL Zucker

für die Koteletts
4 Schweinekoteletts
Salz, schwarzer Pfeffer
2 Eier
etwas Mehl
Paniermehl
Öl zum Braten

Den Rotkohl vierteln und ohne Strunk fein hobeln. Am Abend vor der Zubereitung in eine Schüssel geben. Mit Salz, Honig, Essig und etwas Rotwein mischen und abdecken.

Am nächsten Tag die Zwiebel schälen und klein schneiden. Die Butter erhitzen und die Zwiebel darin andünsten. Den Rotkohl dazugeben und kurz anbraten. Mit der Brühe ablöschen, Zimt und Nelken hinzufügen und das Gemüse 1 Stunde schmoren.

Die Äpfel schälen, vom Kerngehäuse befreien, klein schneiden und mit dem übrigen Wein zum Kohl geben. Alles weitere 15 Minuten garen, bis alle Flüssigkeit verdampft ist. Die Zimtstange entfernen.

Die Maronen schälen. Dabei die äußere Haut entfernen. Dann die Maronen kurz in Salzwasser aufkochen lassen. In ein Sieb abgießen und die innere Haut abziehen. Die Brühe erhitzen. Die Maronen darin bei schwacher Hitze etwa 30 Minuten garen.

Die Zwiebeln schälen und hacken. Die Petersilie waschen, trocknen und hacken. Die Butter erhitzen und die Zwiebeln darin glasig dünsten. Mit Salz und Zucker würzen und 3 Minuten vor Ende der Garzeit der Maronen diese mit der Hälfte der Petersilie unterrühren. Die übrige Petersilie vor dem Anrichten darüber streuen.

Die Koteletts waschen und mit Küchenpapier trockentupfen. Auf beiden Seiten mit Salz und Pfeffer würzen. Das Ei aufschlagen. Die Koteletts zuerst im Mehl wenden, dann durch das Ei ziehen und zum Schluss im Paniermehl wenden. Das Öl in einer Pfanne erhitzen und die Koteletts darin bei mittlerer Hitze auf beiden Seiten goldbraun braten. Mit den Maronen und dem Rotkohl anrichten.

Hätten Sie's gewusst?

Man nennt sie Esskastanien, Maronen oder Edelkastanien, und in der Pfalz sind es die »Keschde«, die Früchte des ursprünglich aus Anatolien stammenden Buchengewächses. Sie wurden von den Römern bei uns eingeführt und die »Keschde« prägen noch heute die Landschaft der Pfalz entlang der Weinstraße. Von Mitte September bis Ende Oktober reifen die Früchte, ist Hochsaison im Pfälzer Wald. Edelkastanien enthalten viel Vitamin C und wertvolle Mineralien, haben aber nur ein Drittel der Kalorien von Nüssen.

»

Maronen-Sahne-Torte

12 Stücke
braucht Zeit

für den Boden

7 Eier
50 g Puderzucker
1 Prise Salz
80 g Zucker
150 g Mehl
1 EL Kakaopulver
50 g gehackte Walnusskerne
Butter und Mehl für die Form
Schokoladenröllchen zum Dekorieren

für die Füllung

500 g geschälte Maronen
400 g Sahne
120 g Puderzucker
6 EL Rum
80 g gehobelte Mandeln

Die Eier trennen. Die Eigelbe mit dem Puderzucker schaumig rühren. Die Eiweiße mit dem Salz anschlagen, den Zucker nach und nach hinzufügen und alles zu steifem Schnee schlagen.

Den Backofen auf 180 °C (Umluft 160 °C; Gas Stufe 2) vorheizen. Den Eischnee nach und nach mit gesiebtem Mehl, Kakaopulver und den Walnüssen unter die Eigelbmasse heben. Eine Springform von 26 cm Durchmesser mit Butter ausfetten und Mehl ausstäuben. Die Masse hineinfüllen, glatt streichen und im heißen Ofen etwa 45 Minuten backen. Anschließend herausnehmen, aus der Form lösen und abkühlen lassen.

Die Maronen mit 150 g Sahne weich kochen. Durch die »Flotte Lotte« (Passiermühle) drehen und kalt stellen. Den Puderzucker und den Rum hinzufügen und alles gut verrühren.

Die übrige Sahne steif schlagen. Davon ein Drittel beiseite stellen. Das Maronenpüree unter die Sahne heben. Die Torte zweimal durchschneiden, mit der Maronensahne füllen und wieder zusammensetzen.

Die gefüllte Torte mit der beiseite gestellten Sahne oben und an den Seiten bestreichen und mit einem Spritzbeutel auf die Oberfläche kleine Tupfen spritzen. Die Mandeln in einer Pfanne ohne Fett rösten und den Tortenrand damit bestreuen. Die fertige Maronen-Sahne-Torte mit Schokoladenröllchen bestreuen und vor dem Servieren gut kühlen.

Federweißer

Zur Betonung der erdig-süßen Schwere der Kastanien eignet sich ideal das ungestüme Temperament des Federweißen. Mit charakteristischer Süße – die Gärung des Mosts ist noch nicht abgeschlossen – und spritziger Jugend macht er Gerichte mit der Baumfrucht auf delikate Art bekömmlich. Da Federweißer frisch sein muss, stammt er am besten aus der nächstgelegenen Weinbauregion.

Mundgerecht

Als »heiße Maroni« sind sie von unseren Weihnachtsmärkten kaum mehr wegzudenken, die gerösteten Esskastanien. Wer nicht bis dahin warten will, schneidet die Maronen über Kreuz ein und legt sie auf ein Blech. Bei 200°C werden sie ca. 20 Minuten geröstet, bis die Schalen aufspringen. Oder lieber gekocht? Die Maronen wie oben einritzen und kurz in heißes Wasser werfen. Dann Schale und Haut abziehen. Die geschälten Maronen mit einem Stückchen Knollen- oder Bleichsellerie in wenig Gemüsebrühe langsam weich kochen.

Kürbisquiche

Rezept von Margot Krebs, Eich

4 Personen
braucht Zeit

für den Teig
225 g Mehl
110 g Butter
1 TL Salz
etwa 50 ml Wasser (nach Bedarf)
Fett für die Form
Mehl zum Bearbeiten

für den Belag
1 Stück Kürbis (etwa 300 g)
2 Zwiebeln
125 g Frühstücksspeck
1 Bund Petersilie
1 Bund Schnittlauch
125 g Emmentaler
250 g Schmand
3 Eier
Salz, schwarzer Pfeffer
Fett zum Braten

Für den Teig Mehl, Butter, Salz und Wasser zu einem glatten Teig verkneten. Eine Springform von 30 cm Durchmesser ausfetten. Den Teig auf der leicht bemehlten Arbeitsfläche dünn ausrollen und die Springform damit auslegen. Dabei einen 2 cm hohen Rand hochziehen. Die Form mit dem Teig für 1 Stunde kalt stellen.

Inzwischen für den Belag den Kürbis putzen, schälen, waschen und grob raspeln. Die Zwiebeln schälen und mit dem Frühstücksspeck in kleine Würfel schneiden. Die Petersilie und den Schnittlauch waschen und trockenschütteln. Die Petersilie fein hacken, den Schnittlauch in feine Röllchen schneiden. Etwas Schnittlauch beiseite legen.

Den Emmentaler reiben. Den Schmand mit den Eiern und dem Emmentaler gut verrühren und die Masse mit Salz und Pfeffer herzhaft abschmecken.

Den Backofen auf 200 °C (Umluft 180 °C; Gas Stufe 3) vorheizen. Etwas Fett in einer Pfanne erhitzen. Den Frühstücksspeck mit den Zwiebeln darin leicht anbraten. Herausnehmen und auf Küchenpapier abtropfen lassen.

Alle vorbereiteten Zutaten vermischen und auf dem Teig verteilen. Die Quiche im heißen Ofen 45 Minuten backen. Vor dem Anschneiden etwas ruhen lassen und mit den beiseite gelegten Schnittlauchröllchen garnieren. Dazu passt ein knackiger Salat und Federweißer oder ein würziger Muskateller.

Muskateller
Der ausdrucksstarke, bodenständige Kürbisgeschmack verlangt einen kraftvollen Gegenspieler. Sein erdiges und vielschichtiges Aroma harmonisiert mit dem betörenden Bukett, wie es Muskateller oder Weine aus der Morio-Muskat-Rebe entfalten. Diese Weißen mit ihrem ausdrucksstarken Muskatton können so manchem Rotwein Paroli bieten, ohne dessen alkoholische Schwere erreichen zu müssen.

Sorten über Sorten

»Den« Kürbis gibt es eigentlich gar nicht – denn die Familie der Kürbisse ist riesig und umfasst mehrere hundert Mitglieder, die unterschiedlicher nicht sein können: kugelförmig und an den Enden abgeflacht oder länglich und gekrümmt, mit glatter, gerippter oder auch unregelmäßig mit Warzen besetzter Oberfläche. Die Schale ist dunkelgrün, gelb, orange oder auch gräulich und zweifarbig. Beim »Turbankürbis« ist die untere Kugelhälfte kleiner und oft auch anders gefärbt als die obere. Auch das Fruchtfleisch kann verschiedene Farben haben: von weiß über gelb und tief orangefarben bis grün.

»

Überbackene Kürbisschnecken auf kalter Spinat-Rucola-Sauce

4 Personen
braucht Zeit

für die Kürbisschnecken
200 g Mehl
50 g Grieß
2 EL Olivenöl
Salz
7 Eigelb
2 EL warmes Wasser
3 EL Zitronenöl
2 EL Schalottenwürfel
1 EL gehackter Knoblauch
400 g Kürbisfleisch
1 EL Honig
2 EL weißer Aceto Balsamico
schwarzer Pfeffer
Kümmel aus der Gewürzmühle
210 g Sahne
1 EL gehackte Petersilie
Butter für die Form
60 ml Gemüsebrühe
Chili aus der Gewürzmühle
80 g geriebener Bergkäse

für die Sauce
150 g Blattspinat
80 g Rucola
Salz, schwarzer Pfeffer
2 EL Kürbiskernöl
100 ml kalte Brühe
2 EL Zitronenöl
Saft von ½ Zitrone

Mehl, Grieß, Olivenöl, Salz, Eigelbe und Wasser zu einem glatten Teig verarbeiten, in Frischhaltefolie wickeln und etwa 1 Stunde in den Kühlschrank stellen.

Für die Füllung das Zitronenöl in einer Pfanne erhitzen. Die Schalottenwürfel und den Knoblauch darin glasig dünsten. Den Kürbis schälen, putzen, grob reiben, dazugeben und mitbraten.

Den Honig hinzufügen. Das Kürbisgemüse so lange garen, bis es glänzt. Mit dem Essig ablöschen. Mit Salz, Pfeffer und Kümmel abschmecken. 150 g Sahne unterrühren und das Ganze so lange einkochen, bis eine cremige Masse entsteht. Anschließend die Petersilie unterrühren und die Pfanne vom Herd nehmen.

Eine Auflaufform mit Butter ausfetten. Den Nudelteig mit der Nudelmaschine ausrollen, sodass 30 cm lange Streifen entstehen. Diese mit der Füllung bestreichen und zusammenrollen. Die Rollen in 3 cm lange Stücke schneiden, aufrecht in die Form setzen.

Den Backofen auf 180 °C (Umluft 160 °C; Gas Stufe 2) vorheizen. Die übrige Sahne mit der Brühe aufkochen, mit Salz und Chili würzen und über die Schnecken gießen. Mit Käse bestreuen und im heißen Ofen auf der mittleren Schiene etwa 30 Minuten backen.

Für die Sauce den Spinat putzen und in Stücke zupfen. Den Rucola putzen und mit dem Spinat waschen. In kochendem Salzwasser blanchieren, abschrecken, ausdrücken und grob hacken. Mit Kürbiskernöl, Brühe, Zitronenöl und Zitronensaft im Mixer pürieren. Salzen und pfeffern. Die Sauce auf Teller geben. Die Schnecken darauf setzen. Mit frittierten Rote-Bete-Chips und Dill garnieren.

Nicht nur zum Essen

Immer beliebter werden die meist nicht essbaren Zierkürbisse, die mit ihren ausgefallenen Formen und Farben als Herbstdekoration Hauseingänge schmücken. Etwas Geschick brauchts, wenn man einen stilvollen amerikanischen Halloween-Kürbis mit Geistergesicht erstrahlen lassen möchte. Ausgehöhlte oder getrocknete Zierkürbisse haben früher auch als Flüssigkeitsbehälter, als »Vorlage« für die Form der heutigen Flaschen und sogar als Musikinstrumente gedient.

Früchte und Beeren

Köstliche Desserts, verführerische Kuchen oder raffinierte Zutaten in einem pikanten Gericht: Früchte und Beeren sind aus der Küche nicht wegzudenken. Und ob nun einfach oder aufwendig zubereitet – ein himmlischer Genuss sind sie immer.

Erdbeer-Mascarpone-Schnitten

Rezept von Claudia Krolla, Bad Kreuznach

6 Personen
braucht Zeit

Butter für die Form
250 g Löffelbiskuits
60 ml Orangenlikör
1 Vanilleschote
500 g Mascarpone
80 g Puderzucker
4 EL Eierlikör
600 g Erdbeeren
50 g Zucker
150 g Amarettini
Kiwischeiben zum Garnieren

Eine tiefe Backform ausfetten und mit Frischhaltefolie auslegen. Den Boden der Form mit einem Drittel der Löffelbiskuits auslegen und die Kekse mit Orangenlikör tränken.

Die Vanilleschote aufschlitzen und das Mark herauskratzen. Den Mascarpone mit dem Puderzucker und dem Vanillemark schaumig aufschlagen. Den Eierlikör unter ständigem Rühren hinzufügen.

Die Erdbeeren waschen, verlesen und putzen. Davon zwei Drittel in Scheiben schneiden, die restlichen Erdbeeren und den Zucker mit dem Stabmixer pürieren.

Die getränkten Löffelbiskuits mit der Hälfte der Mascarponecreme bestreichen und die Hälfte der Erdbeerscheiben darauf legen. Eine weitere Schicht Löffelbiskuits auf den Erdbeeren verteilen. Von den pürierten Erdbeeren etwas für die Garnitur beiseite stellen, mit dem Rest die Löffelbiskuits bestreichen. Die übrige Mascarponecreme darauf verteilen und die restlichen Erdbeerscheiben auf die Creme geben.

Die Amarettini in einen Plastikbeutel geben und mit einem Fleischklopfer zerstoßen. Das Dessert damit bestreuen. Das Dessert in 6 Stücke schneiden und auf Desserttellern anrichten. Die Erdbeer-Mascarpone-Schnitten mit dem restlichen Erdbeermark und den Kiwischeiben garnieren.

Erdbeerbowle

Sie ist wohl die beliebteste Bowle und ganz einfach zuzubereiten: Die Erdbeeren in Weißwein durchziehen lassen und mit gutem Sekt auffüllen. Wenn Sie es raffinierter mögen, setzen Sie die Erdbeeren mit Zitronenmelisse, Waldmeister oder Pfefferminze, Limettensaft, vielleicht etwas Walderdbeergeist und Erdbeerpüree an. Übrigens: Auch mit Rosé schmeckt Erdbeerbowle köstlich.

Königin der Beeren

Hätten Sie's gewusst? Die Erdbeere ist mit der Rose verwandt. Genauso wie die schönsten Rosen sollten Erdbeeren intensiv rot sein und köstlich duften. Fast 600 Erdbeersorten gibt es, darunter frühe und späte Sorten. Einheimische Erdbeeren sind von Mai bis Juli erhältlich, aus Spätkulturen sogar bis Oktober.

So groß ist der Appetit auf die köstlichen Früchte hierzulande, dass sie auch importiert werden, hauptsächlich aus Italien, Spanien und Frankreich. Selbst von Oktober bis April müssen Genießer nicht verzichten: Dann ist – allerdings weniger aromareiche – Importware aus Israel, Südafrika und Südamerika erhältlich.

»

Vanille-Erdbeer-Schnitte mit karamellisiertem Blätterteig auf Rhabarber-Ingwer-Kompott

4 Personen
braucht Zeit

für den Blätterteig
Backpapier für das Blech
250 g TK-Blätterteig
150 g Puderzucker und Puderzucker zum Bestreuen

für die Creme
1 Vanilleschote
200 g Sahne
80 g Zucker
6 Eigelb
5 Blatt Gelatine
1 TL Zitronensaft
2 EL Orangenlikör
100 ml geschlagene Sahne
400 g Erdbeeren

für das Kompott
600 g Rhabarber
80 g Honig
1 EL gehackter Ingwer
1 Zimtstange
abgeriebene Schale von 1 Limette
2 EL Grenadine-Sirup
100 ml Weißwein

Den Backofen auf 220 °C (Umluft 200 °C; Gas Stufe 4) vorheizen. Ein Blech mit Backpapier auslegen. Blätterteig zu einem 3 mm dicken, 20 × 30 cm großen Rechteck ausrollen und darauf legen. Mit einem Gitter beschweren und im Ofen 10 Minuten backen. Herausnehmen und in 5 × 10 cm große Rechtecke schneiden. Diese auf einer Seite mit der Hälfte des Puderzuckers bestreuen und unter dem Grill goldbraun karamellisieren. Abkühlen lassen, umdrehen und den Vorgang auf der zweiten Seite wiederholen.

Für die Creme die Vanilleschote aufschlitzen und das Mark herauskratzen. Sahne, Zucker und Vanillemark in einem Topf aufkochen. Vom Herd nehmen, davon ein Drittel mit Eigelben verrühren. Wieder in den Topf geben und auf dem Herd unter Rühren stehen lassen, bis die Creme andickt. Diese durch ein Sieb streichen. Gelatine in kaltem Wasser auflösen und unterrühren, erkalten lassen. Zitronensaft sowie Likör unterrühren, die Sahne unterheben.

Für das Kompott den Rhabarber waschen, putzen, schälen und längs halbieren. Die Hälften in 3 cm lange Stücke schneiden. Den Honig in einem Topf erhitzen. Ingwer, Zimtstange, Limettenschale und Grenadine-Sirup dazugeben. Mit dem Weißwein ablöschen und auf die Hälfte reduzieren. Den Rhabarber hinzufügen, alles einmal aufkochen und so lange ziehen lassen, bis der Rhabarber bissfest ist. Abkühlen lassen und die Zimtstange entfernen.

Erdbeeren waschen und putzen. Ein Blätterteigrechteck auf einen Teller legen, etwas Creme darauf geben. Erdbeeren darauf drücken. Erneut Creme darauf geben und ein zweites Blätterteigrechteck darauf setzen. Den Vorgang wiederholen und die Oberfläche mit Puderzucker bestreuen. Mit dem Kompott servieren.

Empfindliche Köstlichkeit

Kaufen oder ernten Sie nur ganz reife Früchte, denn Erdbeeren reifen nicht nach. Die Früchte sind druck- und wasserempfindlich. Sie sollten sie deshalb nur ganz kurz unter sanft fließendem Wasser waschen, gut abtropfen lassen und putzen. Entfernen Sie den Stiel nicht vor dem Waschen, damit die Erdbeeren kein Aroma verlieren. Im Kühlschrank halten sich Erdbeeren auf Küchenkrepp ausgebreitet einen Tag. Auch zum Einfrieren eignen sie sich, am besten als Püree, oder Sie breiten die Beeren auf einem großen Brett oder Backblech aus und frosten sie vor dem Verpacken vor.

Kirschenmichel mit Süßkirschen aus dem Selztal

Rezept von Simone Renth, Gundersheim

4 Personen
geht schnell

1 Packung Zwieback
1 kg Süßkirschen
50 ml Portugieser Rotwein
6 Eier
150 g Butter
150 g Zucker
Butter für die Form
Puderzucker zum Bestäuben

Den Zwieback in einen Plastikbeutel geben. Diesen verschließen und den Zwieback mit dem Fleischklopfer oder einem anderen Gegenstand grob zerstoßen.

Die Kirschen waschen, von den Stielen befreien und entsteinen. Den zerbröckelten Zwieback in einer Schüssel mit den Kirschen und dem Portugieser Rotwein verrühren. Den Backofen auf 180 °C (Umluft 160 °C; Gas Stufe 2) vorheizen.

Die Eier trennen. In einer zweiten Schüssel die Butter mit den Schneebesen des Handrührgerätes schaumig schlagen. Die Eigelbe und den Zucker hinzufügen und alles gründlich verrühren.

Danach die Masse unter die Kirschmischung rühren.

Die Eiweiße zu steifem Schnee schlagen und unter den Teig heben. Eine feuerfeste Form mit Butter ausfetten und den Teig hineinfüllen. Den Kirschenmichel im heißen Ofen 1 Stunde backen. Vor dem Servieren mit Puderzucker bestäuben.

Übrigens: In Rheinhessen heißt das Rezept »Kirschenmichel«, in der Pfalz »Kerscheplotzer«. Und zwar deshalb, weil man die Kirschen in den Teig reinfallen (roiplotze) lässt.

Kirschgetränke

Kirschsaft besteht zu 100 Prozent aus Kirschen, 15 g Zucker pro Liter dürfen dem Saft ohne Kennzeichnungspflicht zugesetzt sein. Kirschnektar oder -fruchtsaftgetränk enthält nur bis zu 30 Prozent Fruchtanteil. Oder wie wäre es zur Abwechslung mal mit einem Kirschwein? Sie lieben eher das Hochprozentige? Das leicht nach Bittermandel schmeckende Kirschwasser wird aus den besonders aromatischen Brennkirschen hergestellt.

Aromabombe Kirsche

Süß- oder Sauerkirschen – beide sind gleichermaßen beliebt. Zu den Süßkirschen gehören die tiefroten Knorpelkirschen mit festem Fleisch und die Herzkirschen mit weichem, sehr saftigem Fleisch. Die beste Zeit für heimische Süßkirschen ist von Juni bis August. Die Sauerkirschen, von denen es mittlerweile aber auch richtig süße Sorten gibt, zeichnen sich durch leicht bis betont säuerlichen Geschmack aus. Sauerkirschen haben im Juli und August Saison. Am bekanntesten ist die Schattenmorelle, die ihren Namen nach dem französischen Château Morel trägt.

»

Kirsch-Sellerie-Tarte

4 Personen
braucht Zeit

für den Teig

200 g Mehl
Salz
150 g zimmerwarme Butter
3 EL Wasser
Butter und Mehl für die Form

für den Belag

300 g Knollensellerie
Salz
300 g Süßkirschen
2 EL Honig
4 EL Aceto Balsamico
300 g Spinat
80 ml Hühnerbrühe
150 g Sahne
Chili aus der Gewürzmühle
1 Ei
3 Eigelb

Für den Teig das Mehl mit dem Salz vermischen. Die Butter in Würfel schneiden und zu dem Mehl geben. Die Zutaten mit dem Wasser zu einem glatten Teig verkneten.

Den Teig zu einer Kugel formen, in Frischhaltefolie wickeln und 2 Stunden im Kühlschrank kalt stellen. Eine Tarteform von 28 cm Durchmesser mit Butter ausfetten und mit Mehl ausstreuen. Den Teig auf einer bemehlten Arbeitsfläche dünn ausrollen und in die Form legen.

Für den Belag den Sellerie schälen und fein würfeln, in Salzwasser blanchieren und kalt abschrecken. Die Kirschen waschen, putzen und entsteinen. Den Honig in einer Pfanne schmelzen, die Kirschen dazugeben, kurz glasieren und mit Aceto Balsamico ablöschen. Beiseite stellen und abkühlen lassen.

Den Spinat waschen, putzen, blanchieren, kalt abschrecken und grob hacken. Die Selleriewürfel mit dem Spinat auf dem Teig verteilen. Die Kirschen gleichmäßig darauf geben.

Den Backofen auf 180 °C (Umluft 160 °C; Gas Stufe 2) vorheizen. Die Hühnerbrühe aufkochen lassen, die Sahne unterrühren und alles mit Salz und Chili würzen. Vom Herd nehmen und Ei sowie Eigelbe hinzufügen und alles glatt rühren.

Die Masse auf die Tarte gießen und diese im heißen Ofen etwa 35 Minuten backen. Dazu einen Kopfsalat, der mit gerösteten Walnusskernen, Walnussöl, weißem Aceto Balsamico, Salz und Pfeffer angemacht ist, servieren.

Kirschen entsteinen

Haben Sie als Kind auch Ihrer Großmutter zugesehen, wie sie mit flinken Bewegungen mithilfe einer Haarnadel Kirschen entsteint hat? Mit den heute in verschiedenen Ausführungen erhältlichen Obstentsteinern ist das Kirschenentsteinen ein Kinderspiel. Selbst größere Mengen lassen sich in kurzer Zeit verarbeiten. Natürlich können Sie die Kirschen auch mit einem Messer halbrund aufschneiden und den Stein mit der Messerspitze lösen.

Holunderbeersuppe mit Grießnocken und Apfel

Rezept von Hannelore Marenbach, Fiersbach

4 Personen
braucht Zeit

für die Holunderbeersuppe

1 kg vollreife Holunderbeeren
2 Äpfel
⅛ l trockener Weißwein
140 g Zucker
1 l Wasser
Schale von 1 unbehandelten Zitrone
2 Gewürznelken
1 Zimtstange
30 g Speisestärke

für die Grießnocken

½ l Milch
1 Prise Salz
2 EL Zucker
1 Päckchen Vanillezucker
20 g Butter
70 g Grieß
2 Eier

Die Holunderbeeren von den Stielen streifen und waschen. Die Äpfel vierteln und schälen. Die Kerngehäuse entfernen und die Viertel in Stücke schneiden. Den Wein mit dem Zucker in einem Topf aufkochen. Die Apfelstücke darin kurz ziehen lassen. Herausheben, abtropfen lassen und zum Abkühlen beiseite stellen.

Das Wasser in den Sud gießen. Die Zitronenschale mit den Nelken und der Zimtstange dazugeben. Die Holunderbeeren hinzufügen. Alles bei schwacher Hitze 15 Minuten köcheln lassen.

Die Suppe durch ein Sieb abgießen und die Flüssigkeit in einem Topf auffangen. Zimtstange, Nelken und Zitronenschale entfernen und die Beeren durch das Sieb in den Topf passieren. Den Topf wieder auf den Herd stellen und die Suppe aufkochen lassen. Die Stärke mit wenig kaltem Wasser verrühren und unterrühren. Die Suppe abkühlen lassen und bis zum Servieren kühlen.

Für die Grießnocken Milch mit Salz, Zucker, Vanillezucker und Butter aufkochen. Den Grieß unter Rühren hineinstreuen und die Masse unter weiterem Rühren leise kochen lassen, bis sich der Grieß als Kloß vom Topfboden löst. Den Topf vom Herd nehmen und 1 Ei unterrühren. Alles 5 Minuten abkühlen lassen und das zweite Ei darunter rühren. Den Teig etwa 15 Minuten ruhen lassen.

Wasser zum Kochen bringen. Vom Teig mit einem Löffel kleine Nocken abstechen, dabei den Löffel zwischendurch in kaltes Wasser tauchen. Die Nocken im siedenden Wasser gar ziehen lassen. Herausheben, abtropfen und nebeneinander abkühlen lassen. Die Apfelstückchen in tiefen Tellern verteilen. Die Suppe mit den Grießnocken auf die Apfelstückchen geben und servieren.

Holundergetränke

Aus den Holunderbeeren lassen sich Saft, Obstwein, Likör und Branntwein herstellen. Die sehr aromatischen Blüten ergeben zusammen mit Zuckerwasser den leicht moussierenden, alkoholfreien Flieder- oder Heidesekt. An heißen Tagen ist Holundersaft, gemischt mit gut gekühltem Weißwein oder trockenem Sekt, ein besonders erfrischender Aperitif.

Holunderanbau

Holunder, auch Holler, Holder oder schwarzer Flieder genannt, ist eine uralte Wildfrucht. Die beste Zeit für Holunder ist August bis September. Mittlerweile wird Holunder auch angebaut. Am Mittelrhein beispielsweise gibt es eine Erzeugergemeinschaft, die 250 Tonnen Holunderbeeren im Jahr absetzt.

Die Absatzchancen für den biologisch angebauten Holunder sind gut, denn nicht nur Endverbraucher, sondern auch die Hersteller bekannter Markenprodukte legen Wert auf biologisch angebaute Holunderbeeren.

»

Rehrückenmedaillons im Wacholderbackteig mit Holunderchutney

4 Personen
braucht Zeit

für die Füllung
1 Apfel, Saft von ½ Zitrone
2 EL gehackte Walnusskerne

für die Medaillons
1 Rehrückenfilet
Wacholder aus der Gewürzmühle
Salz, schwarzer Pfeffer
2 EL Walnussöl
1 EL Speisestärke
1 EL Thymianblättchen
250 g Rapsöl zum Ausbacken

für den Backteig
4 Eigelb, 400 ml kaltes Wasser
125 g Mehl, 125 g Speisestärke
8 EL Gin
Wacholder aus der Mühle, Salz

für das Chutney
250 g Holunderbeeren
10 g Salz, 60 g Zucker
1 Schalotte, 2 Knoblauchzehen
2 EL Honig
1 EL gehackter Ingwer
Schale von 1 Limette
8 EL weißer Aceto Balsamico
Chili aus der Gewürzmühle
1 EL Speisestärke
1 EL gehacktes Koriandergrün

Für das Chutney die Holunderbeeren waschen und mit Salz und Zucker mischen. Zugedeckt am besten über Nacht stehen lassen.

Für die Füllung den Apfel schälen, vom Kerngehäuse befreien und grob reiben. Mit dem Zitronensaft und den Walnüssen vermischen. Das Rehrückenfilet von Haut und Sehnen befreien. In 3 cm dicke Scheiben schneiden, flach klopfen und eine Tasche einschneiden. Mit der Masse füllen. Mit Wacholder, Salz und Pfeffer würzen und mit Walnussöl, Speisestärke und Thymian marinieren.

Für den Backteig alle Zutaten in ein hohes Gefäß geben und mit einem Stabmixer vermixen. Die gefüllten Medaillons durch den Backteig ziehen. Das Rapsöl erhitzen und die Medaillons darin goldbraun ausbacken. Herausnehmen und auf Küchenpapier abtropfen lassen.

Am nächsten Tag für das Chutney die Schalotte und die Knoblauchzehen schälen und fein würfeln. Den Honig in einer Pfanne aufschäumen. Die Schalotten-, Knoblauch- und Ingwerwürfel dazugeben und etwas anbraten. Die Limettenschale in feine Streifen schneiden und hinzufügen. Kurz mit anschwitzen und mit dem Essig ablöschen. Das Ganze kurz einkochen lassen. Anschließend die Holunderbeeren dazugeben und alles leicht köcheln lassen. Mit Chili, Salz und Zucker abschmecken.

Die Speisestärke in kaltem Wasser anrühren und das Holunderchutney damit binden. Die Pfanne vom Herd nehmen und das Koriandergrün darunter mischen. Die Rehmedaillons auf dem Chutney anrichten und mit frischem Kerbel und Friséesalat garnieren.

Holunder in der Küche

Nicht nur zu Suppe, Kompott, Gelee oder Marmelade lassen sich Holunderbeeren verarbeiten. Sie können Saft aus selbst gepflückten Holunderbeeren auch zu Hause einkochen. Ein Dampfentsafter beispielsweise verarbeitet die frischen Beeren in 45 Minuten zu Saft. In luftdicht verschlossenen, zuvor sterilisierten Flaschen hält sich der Saft mehrere Monate. Da Holunderbeeren im rohen Zustand leicht giftig sind, sollten Sie sie nur gegart verzehren. Eine besondere Köstlichkeit sind Hollerküchlein, die in dünnen Mehlteig getauchten und in Fett ausgebackenen Blütendolden des Holunders.

Apfelkuchen für den Herrn Bischof

12 Stücke
geht schnell

Rezept von Hildegard Hoffmann, Rengsdorf

für den Teig
300 g Mehl
150 g Butter
80 g Zucker
1 Prise Salz
2 TL Backpulver
1 Ei
2 EL Sahne
Butter für die Form
Mehl für die Arbeitsfläche

für den Belag
etwa 900 g Äpfel
4 EL Zucker
1–2 EL Preiselbeermarmelade
50 g Butter
100 g gehobelte Mandeln

Für den Teig Mehl, Butter, Zucker, Salz, Backpulver, Ei und Sahne zu einem zarten Mürbeteig verkneten. Den Teig kurz ruhen lassen. Eine Springform von 26 cm Durchmesser mit Butter ausfetten.

Für den Belag die Äpfel schälen, vom Kerngehäuse befreien, in Spalten schneiden und mit 2 EL Zucker bestreuen. Etwa zwei Drittel des Teigs auf der bemehlten Arbeitsfläche ausrollen und die Form damit auskleiden, dabei einen Rand hochziehen. Den Teigboden mit der Marmelade bestreichen.

Die Apfelspalten auf dem Teig verteilen. Den übrigen Teig etwas größer als die Form ausrollen, auf die Apfelspalten legen und seitlich festdrücken. Den Backofen auf 175 °C (Umluft 150 °C; Gas Stufe 2) vorheizen.

Die Butter mit dem übrigen Zucker und den Mandeln kurz erhitzen und über den Kuchen gießen. Den Apfelkuchen etwa 50 Minuten im heißen Ofen backen.

Apfelkuchen für den Herrn Bischof

Rengsdorfer Apfeltorte

Rezept von Hildegard Hoffmann, Rengsdorf

12 Stücke
braucht Zeit

für den Teig

300 g Mehl
2 TL Backpulver
150 g Butter
100 g Zucker
1 Ei
Butter für die Form
Mehl für die Arbeitsfläche

für den Belag

etwa 1 kg Äpfel
2 Päckchen Vanillepuddingpulver
3/4 l trockener Weißwein
200 g Zucker

für die Haube

300 g Sahne
2 Päckchen Sahnesteif
Zimt und Zucker zum Bestreuen

Für den Mürbeteig das Mehl mit dem Backpulver auf die Arbeitsfläche häufen. Mit der Butter, dem Zucker und dem Ei verrühren.

Eine Springform von 26 cm Durchmesser mit Butter ausfetten. Den Teig auf der bemehlten Arbeitsfläche ausrollen und die Form damit auskleiden, dabei einen Rand hochziehen.

Für den Belag die Äpfel schälen, vierteln, vom Kerngehäuse befreien und raspeln. Das Puddingpulver mit etwas Wein glatt rühren. Den restlichen Wein in einen Topf geben und mit dem Zucker aufkochen. Das angerührte Puddingpulver dazugeben und alles noch mal aufkochen. Den Topf vom Herd nehmen und den Pudding etwas abkühlen lassen.

Den Backofen auf 175 °C (Umluft 150 °C; Gas Stufe 2) vorheizen. Die geraspelten Äpfel mit dem Pudding vermischen und die Masse auf dem Mürbeteigboden verteilen. Die Apfeltorte im heißen Ofen etwa 1 Stunde 15 Minuten backen. Herausnehmen und in der Form gut auskühlen lassen.

Für die Haube die Sahne mit dem Sahnesteif steif schlagen und die Oberfläche des Apfelkuchens damit bestreichen. Mit Zimt und Zucker bestreuen.

Cidre

Sie glauben, Cidre kommt nur aus Frankreich? Keineswegs! Auch in Deutschland, beispielsweise in der Pfalz, wird dieser sanft prickelnde Apfelwein hergestellt. Etwa 1500 Kilogramm Äpfel werden für 1000 Liter Cidre benötigt. In großen Edelstahltanks wird der frisch gepresste Apfelsaft vergoren. Mit nur etwa 5 Prozent Alkoholgehalt ist Cidre ein leichter Genuss.

Die große Apfelvielfalt

Weit über 1000 Apfelsorten sind bekannt. Zahlreiche alte Sorten verschwinden leider zunehmend. In Deutschland sind etwa 30 Sorten verbreitet, unter den zehn häufigsten immerhin fünf alte Sorten: Boskop, Cox Orange, Golden Delicious, Glockenapfel und Gravensteiner. Diese sehr guten Tafeläpfel eignen sich auch zum Kochen, Backen, für Apfelmus und als Salatäpfel. Von den neueren Sorten sind Jonagold und Granny Smith am bekanntesten. Granny Smith ist ein ausgesprochener Tafelapfel. Für Gelee, Konfitüren und Chutneys eignet er sich jedoch ebenfalls sehr gut.

»

Apfelkuchen mit Karamellsauce

12 Stücke
braucht Zeit

für den Teig

200 g Butter
100 g Zucker
2 Eier
300 g Mehl
Butter für die Form

für die Füllung

1 kg Boskop
100 g Walnusskerne
1 Vanilleschote
Saft und abgeriebene Schale von 1 unbehandelten Zitrone
4 EL Calvados
1 Msp. gemahlener Zimt
60 g Zucker
60 g Marzipan

für die Haube

100 g Butter
100 g Puderzucker
3 Eier
Mark von 1 Vanilleschote
1 Prise Salz
60 g Zucker
100 g Mehl
2 EL Milch

für die Sauce

125 g Zucker
180 g Sahne
6 EL Winterapfellikör

Für den Teig die Butter mit dem Zucker nicht zu schaumig verrühren und die Eier langsam unterrühren. Das Mehl nach und nach darunter arbeiten. Den Teig in Frischhaltefolie wickeln und im Kühlschrank etwa 2 Stunden ruhen lassen. Dann eine Springform von 28 cm Durchmesser mit Butter ausfetten. Den Teig etwa 5 mm dick ausrollen und flach hineinlegen.

Für die Füllung die Äpfel schälen, vierteln, vom Kerngehäuse befreien und blättrig schneiden. Die Nüsse grob hacken. Die Vanilleschote aufschlitzen und das Mark herauskratzen.

Die Äpfel mit Zitronensaft und -schale, Walnüssen, Vanillemark, Calvados, Zimt und Zucker vermengen und gleichmäßig auf dem Teig verteilen. Den Marzipan grob über die Apfelmasse reiben.

Den Backofen auf 160 °C (Umluft 140 °C; Gas Stufe 1) vorheizen.

Für die Haube die Butter mit dem Puderzucker sehr schaumig aufschlagen. Die Eier trennen. Die Eigelbe nach und nach dazugeben und weiter schlagen. Die Vanilleschote aufschlitzen, das Mark auskratzen und zufügen. Eiweiße mit Salz und Zucker steif schlagen. Die Hälfte vom Eischnee mit Mehl und Milch zur Grundmasse geben und gut vermengen, den restlichen Eischnee unterheben. Die Masse gleichmäßig auf den Äpfeln verteilen und den Kuchen im heißen Ofen etwa 1 Stunde 15 Minuten backen.

Für die Sauce den Zucker in einer Pfanne karamellisieren lassen. Die Sahne aufkochen und dazugießen, gut einkochen lassen. Mit dem Winterapfellikör abschmecken und zu dem mit Puderzucker bestäubten Apfelkuchen servieren. Der Apfelkuchen kann sowohl warm als auch abgekühlt mit der Karamellsauce serviert werden.

Apfellagerung

Sie haben Apfelbäume im Garten und wissen nach einer reichen Ernte nicht wohin mit der Fülle an Früchten? Luftig, kühl und dunkel, am besten auf einem Apfelregal im Keller, lassen sich die Schätze je nach Sorte einige Monate lagern. Äpfel gibt es das ganze Jahr über frisch und sachkundig gelagert zu kaufen. Eigene Lagerhaltung von gekauftem Obst lohnt sich deshalb kaum. Wenn Sie aber auf dem Markt eine ausgefallene Sorte entdecken, legen Sie sich ruhig einen kleinen Vorrat an, denn 10 bis 14 Tage bleiben Äpfel auch in der Wohnung frisch.

Lammrollbraten mit Orangen

Rezept von Jürgen Alldinger, Eppelheim

6 Personen
braucht Zeit

1 Knoblauchzehe
1 kg Lammrollbraten
Salz
weißer Pfeffer
4 Orangen
250 g Staudensellerie
200 ml Fleischfond
200 g Sahne
50 g geröstete Pinienkerne
1 Prise Zucker
4 Scheiben Orangen für die Garnitur

Den Knoblauch schälen. Das Fleisch unter kaltem Wasser waschen und mit Küchenpapier trockentupfen. Mit Salz und Pfeffer würzen und mit der Knoblauchzehe einreiben.

Die Hälfte der Orangen schälen. Die Filets aus den Trennhäuten lösen und würfeln. Den Staudensellerie waschen, putzen und in feine Scheiben schneiden.

Den Backofen auf 200 °C (Umluft 180 °C; Gas Stufe 3) vorheizen. Die Orangenwürfel und Selleriescheiben auf dem Fleischstück verteilen. Das Lammfleisch aufrollen und mit Küchengarn fest zusammenbinden.

Den Lammrollbraten in eine Fettpfanne geben, den Fond dazugießen und den Braten im heißen Ofen etwa 45 Minuten braten.

Den Lammrollbraten aus der Fettpfanne nehmen und warm stellen.

Die übrigen Orangen halbieren und den Saft auspressen. Den Bratensaft mit dem Orangensaft lösen. Die Sahne dazugeben und die Sauce leicht einkochen lassen. Mit Salz, Pfeffer und Zucker abschmecken.

Die Pinienkerne in einer Pfanne ohne Fett rösten und in die Sauce geben. Den Braten vom Küchengarn befreien, in Scheiben schneiden und mit der Sauce anrichten.

Dazu passen kleine Röstkartoffeln.

Orangensaft

In gekühlten Tankwagen kommt der frisch gepresste Orangensaft direkt aus den Anbauländern wie Italien und Spanien zu den Saftherstellern. Nach einer Qualitätskontrolle wird der Direktsaft zur Konservierung kurz erhitzt und in Flaschen abgefüllt. Am besten schmeckt jedoch selbst gepresster Orangensaft – eine Mühe, die sich lohnt, für Gesundheit und Sinne.

Woher kommen die Orangen?

Ursprünglich stammt die Orange aus China, »Apfel aus China« (Apfelsine) wurde sie deshalb früher genannt. In Europa fasste sie zuerst im Mittelmeerraum Fuß und wurde vermutlich von den Kreuzrittern über die Alpen gebracht. Alte Sorten, wie manche Bitterorangen, haben durch die Langlebigkeit des Orangenbaumes bis heute überlebt. In Deutschland angebotene Orangen sind fast ausnahmslos importiert. Die Mittelmeerländer, aber auch Südafrika, Lateinamerika, die südlichen USA und Australien sind die Hauptlieferanten.

»

Orangencharlotte

6–8 Personen
braucht Zeit

für die Löffelbiskuits

2 Eier
25 g Puderzucker
35 g Zucker
½ Vanilleschote
Schale von ½ unbehandelten Zitrone
Schale von ½ unbehandelten Orange
75 g Mehl
Puderzucker zum Bestreuen

für die Creme

8 Blatt Gelatine
5 Eigelb
100 g Puderzucker
Saft von 2 Orangen
500 g Sahne
8 EL Orangenlikör
2 Eiweiß
30 g Zucker

für die Garnitur

Schale von 2 unbehandelten Orangen
7 EL Grenadine-Sirup
geschlagene Sahne
Saisonfrüchte

Den Backofen auf 180 °C (Umluft 160 °C; Gas Stufe 2) vorheizen. Das Backblech mit Backpapier auslegen. Die Eier trennen. Die Eigelbe schaumig schlagen. Den Puderzucker einrieseln lassen, so lange weiterschlagen, bis eine schaumige Masse entsteht.

Die Eiweiße mit dem Zucker steif schlagen. Die Vanilleschote aufschlitzen und das Mark herauskratzen. Vanillemark, Zitronen- und Orangenschale in die Eigelbmasse geben. Abwechselnd das gesiebte Mehl und den Eischnee unterheben. Die Masse in einen Spritzbeutel mit Lochtülle füllen und etwa 25 Löffelbiskuits auf das Backblech spritzen. Dick mit Puderzucker bestreuen und im heißen Ofen etwa 10 Minuten backen.

Die Gelatine in kaltem Wasser einweichen. Die Eigelbe mit dem Puderzucker und dem Orangensaft über dem heißen Wasserbad schaumig schlagen. 100 g Sahne unter ständigem Rühren dazugießen. Den Likör unterrühren. Die Gelatine ausdrücken und darin auflösen. Vom Wasserbad nehmen, die Creme abkühlen lassen, zwischendurch mit einem Schneebesen durchrühren.

Die übrige Sahne steif schlagen. Die Eiweiße mit dem Zucker zu steifem Schnee schlagen. Zuerst die Sahne, dann den Eischnee unter die leicht gelierte Creme heben. Eine Charlottenform von 18 cm Durchmesser mit Löffelbiskuits auslegen. Die Creme darauf verteilen und das Dessert etwa 4 Stunden kalt stellen.

Die Orangenschale in Streifen schneiden. In Grenadine-Sirup etwa 5 Minuten kochen, beiseite stellen und abkühlen lassen. Die Orangencharlotte stürzen, mit den Orangenschalenstreifen, geschlagener Sahne und Früchten der Saison dekorieren.

Ernte und Konservierung

Orangen können nur am Baum reifen. Deshalb ist der richtige Erntezeitpunkt für Qualität und Geschmack entscheidend. Nach der Ernte werden die Orangen gewaschen. Anschließend kommen die Früchte in ein Wachsbad, damit sie nicht vertrocknen. Der Konservierungsstoff Thiabendazol soll die Orangen vor Schimmelpilzen schützen. Vorsicht – die behandelte Schale ist ungesund und für den Verzehr nicht geeignet. Mittlerweile sind auch unbehandelte Orangen im Angebot. Kaufen Sie aber keine größeren Vorräte davon, sie werden leicht trocken.

Herzhafter Semmelpudding mit Trockenfrüchten

4 Personen
braucht Zeit

Rezept von Jörg Hohenadl, Neuwied

100 g Weizentoastbrot
100 g Laugenbrötchen
1 mittlere Zwiebel
100–150 g Trockenfrüchte (Pflaumen, Aprikosen, Birnen)
Öl zum Braten und für die Form
2 EL gehackte Petersilie
1 EL weiche Butter
200 ml warme Milch
3 Eigelb
Salz
schwarzer Pfeffer
geriebene Muskatnuss
3 Eiweiß

Das Toastbrot entrinden und mit dem Laugenbrötchen in kleine Würfel schneiden. Die Zwiebel schälen und fein hacken. Die Trockenfrüchte würfeln. Die Brotwürfel in eine Schüssel geben.

Das Öl erhitzen und die Zwiebelwürfel darin glasig dünsten. Die Petersilie darunter mischen und alles kurz weiterbraten. Anschließend die Mischung über die Brotwürfel in der Schüssel geben. Die Butter mit der Milch hinzufügen.

Die Eier trennen. Die Eigelbe leicht verquirlen und dazugeben. Die Trockenfrüchte unterheben. Mit Salz, Pfeffer und Muskat abschmecken. Alles mit den Händen gründlich verkneten. Die Eiweiße mit 1 Prise Salz steif schlagen und unterheben.

Den Backofen auf 160 °C (Umluft 140 °C; Gas Stufe 1) vorheizen. Eine Pasteten- oder Rehrückenform mit Öl auspinseln und mit Frischhaltefolie auslegen. Die Puddingmasse hineinfüllen, glatt streichen und mit Alufolie abdecken. Im Wasserbad im heißen Ofen etwa 1 Stunde garen. Herausnehmen, auf eine Platte stürzen und noch warm aufschneiden.

Herzhafter Semmelpudding mit Trockenfrüchten

Lammragout mit Honig

Rezept von Jörg Hohenadl, Neuwied

4 Personen
braucht Zeit

800 g Lammschulter
1 Zwiebel
2 Knoblauchzehen
3 EL Rapsöl
1 Msp. gemahlene Nelken
½ TL gemahlenes Kardamom
½ TL gemahlener Piment
1 Msp. geriebene Muskatnuss
½ TL gemahlener Zimt
1 TL Safranfäden
Salz
schwarzer Pfeffer
75 g getrocknete Aprikosen
75 g Mandeln oder Cashewnusskerne
1–2 EL Honig
100 g helle Rosinen

Das Lammfleisch waschen, trocknen und in mundgerechte Stücke schneiden. Die Zwiebel und die Knoblauchzehen schälen. Die Zwiebel in feine Scheiben schneiden, die Knoblauchzehen hacken.

Das Rapsöl in einem hitzebeständigen Topf erhitzen. Die Gewürze darin bei mittlerer Temperatur anschwitzen, mit wenig Wasser ablöschen. Zwiebel und Knoblauch dazugeben und goldgelb werden lassen.

Das Lammfleisch in den Topf geben und bei starker Hitze rundum anbräunen. Mit Salz und Pfeffer würzen. Das Fleisch knapp mit Wasser bedecken, den Bratensatz lösen und alles nochmals aufkochen lassen. Die Temperatur reduzieren und das Lammragout 15 Minuten bei schwacher Hitze köcheln lassen.

Inzwischen den Backofen auf 160 °C (Umluft 140 °C; Gas Stufe 2) vorheizen. Die Aprikosen fein hacken. Die Mandeln oder Cashewnusskerne in einer Pfanne ohne Fett rösten und im Mörser zerkleinern.

Den Topf vom Herd nehmen. Honig, Aprikosen, Rosinen, Mandeln oder Nüsse unter das Ragout mischen. Den Topf mit dem Deckel verschließen und in den heißen Ofen stellen. Das Lammragout etwa 1 Stunde 30 Minuten schmoren. Bei Bedarf etwas Wasser dazugießen. Als Beilage empfiehlt sich Basmati-Reis oder Semmelpudding mit Trockenfrüchten.

Gewürztraminer
Der Wein vom ältesten Weinberg der Welt ist ein Gewürztraminer. Der Weinberg liegt in der Pfalz, in der Nähe von Edesheim. Name der Lage: Rhodter Rosengarten. Leicht erwärmbarer, tiefgründiger Boden und genügend Sonne – das ist das Geheimnis für das feine, aber kräftige Bukett des Gewürztraminers, der sich sogar neben einem Schokoladendessert behaupten kann.

Aromatresor Trockenobst

Schonend luft- und sonnengetrocknetes Obst ist reich an wertvollen, konzentrierten Inhaltsstoffen. Es fühlt sich noch etwas weich an, in Wasser quillt es sehr gut auf. Bei Edelsorten wie Pflaumen und Feigen wird nach dem Dörren und vor dem Verpacken durch kurzes, heißes Wässern der Zuckerbelag entfernt. Backobst wird bei hoher Temperatur in speziellen Anlagen getrocknet. Um das Verfärben heller Obstsorten zu vermeiden, wird Trockenobst häufig geschwefelt. Viele Dörrobstsorten können Sie aber auch ungeschwefelt kaufen.

»

Dörrobst-Kartoffelpüree mit Entenbrust und Zwiebelsauce

4 Personen
braucht Zeit

für das Püree

600 g mehlig kochende Kartoffeln
Salz, 100 ml Milch, 100 g Butter
5 EL geschlagene Sahne
geriebene Muskatnuss
40 g getrocknete Aprikosen
40 g gedörrte Äpfel
40 g Dörrpflaumen
4 EL Grand Marnier
1 EL Honig, 80 g Sahne
schwarzer Pfeffer
1 EL gehackte Petersilie

für das Fleisch

4 Entenbrüste à etwa 180 g
20 g Butterschmalz
Salz, schwarzer Pfeffer
2 Thymianzweige
1 Rosmarinzweig
10 g Butter

für die Sauce

200 g rote Zwiebeln
300 g Schalotten, 50 g Butter
4 Thymianzweige
300 ml Gewürztraminer
300 ml Portwein
Salz, schwarzer Pfeffer
4 EL dunkler Kalbsfond
2 EL weißer Aceto Balsamico

Kartoffeln waschen und in Salzwasser zugedeckt weich kochen. Dann schälen. Milch mit 80 g Butter etwas einkochen lassen. Kartoffeln durch die Kartoffelpresse drücken und in die Milchmischung geben. Die Masse glatt rühren und 3 EL geschlagene Sahne unterheben. Mit Salz und Muskat würzen.

Aprikosen, Äpfel und Pflaumen fein würfeln und mit Grand Marnier und Honig marinieren. Übrige Butter erhitzen und Trockenfrüchte darin anbraten. Mit Sahne ablöschen und einkochen, bis fast alle Flüssigkeit verdampft ist. Kartoffelpüree darunter mischen, salzen und pfeffern. Vor dem Anrichten die übrige geschlagene Sahne und Petersilie unterheben.

Backofen auf 120 °C (Umluft 100 °C) vorheizen. Die Haut der Entenbrust einschneiden. Das Butterschmalz in einer Pfanne erhitzen und die Entenbrüste darin mit der Hautseite nach oben anbraten. Mit Salz und Pfeffer würzen. Die Kräuter waschen, trocknen und dazugeben. Die Entenbrüste wenden und auf der Hautseite kross anbraten. Ein Backblech mit Alufolie auslegen, das Fleisch mit den Kräutern darauf legen und im heißen Ofen etwa 20 Minuten garen. Herausnehmen und etwas ruhen lassen.

Zwiebeln und Schalotten schälen und halbieren. Butter erhitzen und beides darin anbraten. Thymian waschen, trocknen und dazugeben. Mit Gewürztraminer und Portwein auffüllen und reduzieren, bis die Flüssigkeit fast eingekocht ist. Mit Salz und Pfeffer würzen und den Thymian entfernen. Fond und Aceto Balsamico dazugießen. Die Entenbrüste aufschneiden, mit dem Dörrobst-Kartoffelpüree anrichten und mit der Zwiebelsauce servieren. Mit Petersilienblättchen garnieren.

Früchte selbst getrocknet

Sie wollen selber Früchte trocknen? Besonders gut eignen sich Äpfel, Birnen, Pflaumen, Kirschen und Mirabellen, aber auch Mango, Papaya und Bananen. Äpfel und Birnen müssen geschält, Steinobst halbiert und entsteint werden. Auf einem Backblech ausgebreitet, werden die Früchte bei 60 bis 70 °C im Backofen über einige Stunden getrocknet. Lassen Sie die Ofentür dabei leicht geöffnet, damit die Feuchtigkeit entweichen kann. Das Trockenobst lässt sich in gut verschließbaren Gläsern aufbewahren. Wichtig: Das Obst muss vollständig getrocknet sein, damit es nicht schimmelt.

Getreide, Kartoffeln und Hülsenfrüchte

Brot, Nudeln, Kartoffeln, Erbsen, Bohnen und Linsen sind längst nicht mehr nur einfache Sattmacher. Raffiniert zubereitet oder mit edlen Zutaten kombiniert, werden sie von der einfachen wie von der hohen Kochkunst wirkungsvoll in Szene gesetzt.

Sauerteig

für 800 g Sauerteig braucht Zeit

Rezept von Hilde Ebling, Oppenheim

für den 1. Ansatz
100 g Roggenvollkornmehl
¼ l Wasser (40 °C)

für den 2. Ansatz
100 g Roggenvollkornmehl
¼ l Wasser (40 °C)

für den 3. Ansatz
200 g Roggenvollkornmehl
½ l Wasser (40 °C)

Für den 1. Ansatz das Roggenvollkornmehl und das Wasser verrühren und die Mischung zugedeckt 24 Stunden bei etwa 20 °C stehen lassen.

Für den 2. Ansatz das Roggenvollkornmehl und das Wasser in den 1. Ansatz rühren und den 2. Ansatz erneut zugedeckt 24 Stunden bei 20 °C stehen lassen.

Für den 3. Ansatz das Roggenvolkornmehl und das Wasser mit dem 2. Ansatz verrühren und den 3. Ansatz zugedeckt bei 20 °C 24 Stunden stehen lassen.

Die fertigen 800 g Sauerteig schnell verbrauchen. Davon 2 × 50 g für den nächsten Starter tiefkühlen und bei Bedarf mit 375 g frisch gemahlenem Roggen und etwa ¾ l warmem Wasser verrühren und zugedeckt 24 Stunden gehen lassen. Das Roggen-Sauerteig-Brot (siehe Seite 77) mit 700 g Sauerteig zubereiten.

Roggen-Sauerteig-Brot

Roggen-Sauerteig-Brot

Rezept von Hilde Ebling, Oppenheim

für 1 großes oder 2 kleine Brote
braucht Zeit

700 g Sauerteig (siehe Seite 76)
350 g frisch gemahlener Roggen
350 g frisch gemahlener Weizen
3/4–1 l warmes Wasser oder Buttermilch
20 g Meersalz
1 Würfel frische Hefe
je 1 TL Fenchelsamen, Koriander und Anis
200 g Leinsamen
Butter und Mehl für die Form

Den Sauerteig, Roggen- und Weizenmehl, Wasser oder Buttermilch und Salz mischen. Die Hefe und Gewürze dazugeben. Den Teig 10 Minuten kneten und zugedeckt etwa 30 Minuten gehen lassen. Sobald der Teig etwas aufgegangen ist, erneut durchkneten. Diesen Vorgang mehrmals wiederholen.

Die Leinsamen unter den Teig kneten. Den Backofen auf 200 °C (Umluft 180 °C; Gas Stufe 3) vorheizen, eine Schale heißes Wasser hineinstellen.

Eine große Brotbackform oder 2 kleine Formen mit Butter ausfetten und mit Mehl ausstreuen. Den Brotteig hineingeben und etwa 10 Minuten gehen lassen.

Das Brot im heißen Ofen etwa 1 Stunde 10 Minuten backen. Oder den Teig auf 2 kleine Formen verteilen und die Brote etwa 1 Stunde backen. Während der letzten 10 Minuten Backzeit das Brot noch zweimal befeuchten.

Trinkwasser

Trinkwasser ist das Lebensmittel schlechthin und – der ideale Begleiter zu unserem Brot. Es muss keimfrei, appetitlich, farb- und geruchlos, kühl und geschmacklich einwandfrei sein. Trinkwasser wird aus Grund-, Oberflächen- und Quellwasser gewonnen. Ständige Kontrollen garantieren immer optimale Qualität. Wem das stille Wasser zu langweilig ist, der kann mit einem Sodabereiter seinen Sprudel selbst herstellen.

Triebmittel Sauerteig

Natursauerteig entsteht durch den Kontakt von Mehl und Wasser mit in der natürlichen Umgebung vorhandenen Hefesporen. Sauerteig befindet sich in ständiger Gärung. Durch Zugabe von Mehl und Wasser wird er weiter genährt. Die Milchsäuregärung verhindert Fäulnis, die Hefegärung sorgt durch die entstehende Kohlensäure – das Triebmittel – für das Aufgehen des Teiges und ein später schön lockeres Brot. Häufig wird dem Teig neben Sauerteig noch zusätzlich Hefe zugesetzt. Übrigens geht der Teig im heißen Ofen ein zweites Mal auf, die Fachleute nennen das den »Ofentrieb«.

»

Frankfurter Würstchen im Briochemantel

4 Personen
braucht Zeit

100 ml Milch
15 g frische Hefe
340 g Mehl
25 g Zucker
1 Ei
5 Eigelb
3 EL Sesamsamen
½ TL Salz
Chili aus der Gewürzmühle
120 g zimmerwarme Butter
½ EL Schnittlauchröllchen
½ EL gehackte Thymianblättchen
½ EL gehackte Petersilie
Butter für das Blech
1 EL Wasser
8 Frankfurter Würstchen

Die Milch lauwarm werden lassen, die Hefe darin auflösen und die Mischung mit 60 g Mehl und dem Zucker zu einem glatten Teig verarbeiten. Mit einem Tuch oder Frischhaltefolie abdecken und an einem warmen Ort in der Küche so lange stehen lassen, bis sich das Volumen verdoppelt hat.

Den Teig in die Küchenmaschine geben und mit dem restlichen Mehl, dem Ei und 4 Eigelben zu einem glatten Teig verkneten. In einer Pfanne ohne Fett 2 EL Sesamsamen rösten. Mit Salz, Chili und Butter unter den Teig kneten. Die gehackten Kräuter dazugeben und alles nochmals durchkneten.

Den Teig mit Frischhaltefolie abdecken und wieder so lange gehen lassen, bis sich sein Volumen verdoppelt hat. Ein Backblech mit Butter ausfetten. Den Backofen auf 180 °C (Umluft 160 °C; Gas Stufe 2) vorheizen.

Den Teig zu einer festen Kugel formen und ausrollen. Daraus mithilfe eines Teigrades 8 etwa 3 cm dicke Streifen schneiden. Die Würstchen darin einrollen, auf das Backblech setzen und nochmals kurz gehen lassen.

Das übrige Eigelb mit dem Wasser verrühren und den Teig damit bestreichen. Mit dem restlichen Sesamsamen bestreuen und im heißen Ofen etwa 20 Minuten backen.

Ährenreichtum

Wir sind in Europa die unumstrittenen Brotkönige. 300 verschiedene Brotsorten gibt es allein in Deutschland: zartes Weißbrot, Toastbrot, Weizenmischbrot, Roggenbrot, Brot aus Gerste oder Hafer, Vollkornbrot, Kleiebrot, Knäckebrot und zunehmend die Vielzahl an Vitalbroten. Hinzu kommen die vielen regionalen Spezialitäten und natürlich die diversen Brötchensorten. Das liebste Brot der Deutschen ist ein kräftiges Roggenmischbrot, das neben Roggen- auch Weizenmehl enthält und mit Sauerteig gebacken wird.

Beluga-Linseneintopf mit Pastinakenrösti

Rezept von Ralf Kress, Mainz

4 Personen
braucht Zeit

für den Eintopf

500 g Gemüse der Saison
80 g grob geschrotete Nacktgerste
200 g Beluga-Linsen
1 Lorbeerblatt
½ TL getrockneter Liebstöckel
1 Msp. gemahlener Ingwer
Salz
je 1 EL Mandeln und Pinienkerne
½ Bund Petersilie
je 1 Msp. gemahlene Nelken, Piment, Koriander
2 EL Essig

für die Rösti

2 Pastinaken, 1 Zwiebel
1 Bund glatte Petersilie
Salz, schwarzer Pfeffer
2 EL feines Dinkelmehl
1 Ei, 1 EL Sahne
Olivenöl zum Braten

Für den Eintopf das Gemüse waschen oder schälen und putzen. Anschließend klein schneiden. Den Gerstenschrot in einem großen Topf ohne Fett anrösten. Mit 1 l Wasser ablöschen. Das Lorbeerblatt, den Liebstöckel und den Ingwer mit den Linsen hinzufügen und alles zum Kochen bringen.

Sobald das Ganze kocht, das zerkleinerte Gemüse hinzufügen und nochmals 1 l Wasser dazugießen. Den Eintopf bei schwacher Hitze etwa 20 Minuten köcheln lassen, bis das Gemüse weich ist.

In der Zwischenzeit für das Rösti die Pastinaken schälen und raspeln. Die Zwiebeln schälen. Die Petersilie waschen, trockenschütteln und mit der Zwiebel fein hacken. Pastinaken, Zwiebeln sowie Petersilie mit Salz, Pfeffer, Dinkelmehl, Ei und Sahne vermischen.

Dann den Eintopf mit Salz würzen und noch etwas ziehen lassen. Inzwischen die Mandeln grob hacken und mit den Pinienkernen in einer Pfanne ohne Fett unter ständigem Rühren rösten, bis sie zu duften beginnen. Die Petersilie waschen, trocknen und hacken.

Den Eintopf mit Nelken, Piment und Koriander abschmecken und den Essig dazugeben. Vor dem Servieren die Mandeln, Pinienkerne und Petersilie hinzufügen.

Zum Braten der Rösti in einer Pfanne nicht zu wenig Olivenöl erhitzen. Den Pastinakenteig esslöffelweise in die Pfanne geben und flach drücken. Die Rösti auf beiden Seiten etwa 7 Minuten goldgelb ausbacken. Zu dem Beluga-Linsen-Eintopf servieren.

Trockene Weine

Ein trockener Wein ist die ideale Ergänzung zu herzhaften Linsen. Die Bezeichnung »trocken« ist nur zugelassen, wenn der Wein höchstens 2 Gramm pro Liter mehr Zucker als Säure und höchstens 9 Gramm Zucker pro Liter enthält. Übrigens müssen trockene Weine keineswegs sauer sein; so manche trockene Spätlese besteht sogar neben einem Dessert.

Nährstoffbombe Linse

Linsen zählen zu den am meisten geschätzten Hülsenfrüchten. Lange Zeit als Armeleuteessen in Verruf, haben sich Linsen mittlerweile ihren Platz in den feinsten Restaurants erobert. Linsen werden bei uns oft nach der Größe klassifiziert. Die größten sind am teuersten. Das Linsenaroma und die wertvollen Inhaltsstoffe stecken dicht unter der Schale. Deshalb sind kleinere Linsen durchaus wertvoll, sie schmecken auch kräftiger. Die grünen, dünnhäutigen Puylinsen aus Frankreich sind besonders fein im Geschmack, ebenso die kleinen, dunklen Belugalinsen. Zunehmend beliebt sind rote Linsen, im Orient ein Grundnahrungsmittel.

»

Linsenragout mit Wachtel und pochiertem Ei

4 Personen
braucht Zeit

für das Ragout

200 g grüne Linsen
1 Schalotte
1–2 Knoblauchzehen
½ Karotte, ¼ Sellerieknolle
¼ Stange Porree
2 EL Rapsöl
1 EL weißer Aceto Balsamico
70 ml Weißwein
¼ l Geflügelbrühe
80 g rote Linsen
Salz
2 EL Crème fraîche
1 El gehackte Petersilie
60 g Butterwürfel

für die Wachteln und das Ei

8 Wachtelkeulen
Salz, schwarzer Pfeffer
5 Eier
50 g Mehl, 100 g Weißbrotbrösel
300 g Fett zum Ausbacken
½ Knoblauchzehe
1 Schalotte, 100 g Räucherspeck
1 Rosmarinzweig
1 Thymianzweig
3 EL Olivenöl zum Braten
2 Wachtelbrüste
2 EL Essig
Kerbel für die Garnitur

Linsen nach Packungsanweisung einweichen und bissfest garen. Sie müssen gut mit Wasser bedeckt sein. Dann abgießen. Schalotte und Knoblauch schälen und hacken. Karotte und Sellerie schälen. Porree putzen, waschen und mit der Karotte und dem Sellerie klein würfeln.

Rapsöl erhitzen. Schalotten und Knoblauch darin andünsten. Mit Essig, Wein und Brühe aufgießen. Linsen zufügen, langsam köcheln. Karotten und Sellerie zufügen und kurz köcheln lassen. Porree und rote Linsen dazugeben, alles salzen sowie pfeffern und einmal aufkochen. Vom Herd nehmen, Crème fraîche und Petersilie unterheben. Die Butter darunter rühren.

Wachtelkeulen auslösen, vom Röhrenknochen befreien, Fleisch salzen, pfeffern und über den Knochen stülpen, das heißt »auf links drehen«. 1 Ei verquirlen. Keulen in Mehl wenden, durch das Ei ziehen und mit den Bröseln panieren. Das Fett erhitzen. Die Keulen darin 3 Minuten ausbacken. Herausheben und abtropfen lassen.

Den Backofen auf 180 °C (Umluft 160 °C; Gas Stufe 2) vorheizen. Knoblauch und Schalotte schälen und halbieren. Speck würfeln. Kräuter waschen und trocknen. Olivenöl erhitzen. Wachtelbrüste darin anbraten. Knoblauch und Schalotten mit Kräutern und Speck mitbraten. Wachteln salzen, pfeffern und im Ofen 8 Minuten garen.

Einen Topf mit Essig ausreiben. Mit Wasser füllen und salzen. Das Wasser erhitzen. Die übrigen Eier in eine Schöpfkelle aufschlagen und vorsichtig ins Wasser gleiten lassen. Langsam ziehen lassen. Die Wachtelbrüste auslösen, die Linsen auf Tellern anrichten. Die Wachtelbrüste und -keulen darauf legen, die Eier ebenfalls anrichten und mit Kerbelblättchen garnieren.

So gehts: Linsen kochen

Mit Ausnahme roter Linsen sollten vor allem größere und ältere Linsen einige Stunden ohne Salz oder Säure in Wasser eingeweicht werden. Allerdings garen nicht eingeweichte Linsen schneller. Das Einweichwasser sollte beim Kochen mitverwendet werden, damit keine wertvollen Inhaltsstoffe verloren gehen. Kochen Sie Linsen in ungesalzenem Wasser, sie werden sonst nicht richtig weich. Geschälte Linsen haben eine wesentlich kürzere Garzeit. Linsen halten sich, trocken, kühl und dunkel aufbewahrt, 4 bis 5 Jahre, sie sind also ideal für Vorratshaltung.

Häädeknäpp (Buchweizenknödel)

4 Personen
geht schnell

Rezept von Edith Lehnen, Kell am See

200 g Buchweizen
1 TL Salz
100 g durchwachsener Räucherspeck
etwas Butter
3 Eier

In einem Topf ½ l Wasser mit dem Salz zum Kochen bringen. Den Buchweizen auf einmal hinzufügen. Die Mischung so lange rühren, bis ein fester Teig entsteht und sich die Masse vom Topfboden löst. Die Teigmasse herausnehmen, erkalten lassen und anschließend in mundgerechte Stücke zupfen.

Den Räucherspeck von der Schwarte und den Knorpeln befreien und in Würfel schneiden. In einer Pfanne 1 Esslöffel Butter erhitzen und die Speckwürfel darin auslassen.

Den in Stücke gezupften Buchweizenteig zum Speck in die Pfanne geben und leicht anbraten. Kurz vor dem Servieren die Eier aufschlagen, über die Häädeknäpp geben und unter ständigem Rühren stocken lassen.

Häädeknäpp

Buchweizen-Kartoffeltopf

Rezept von Edith Lehnen, Kell am See

4 Personen
braucht Zeit

1 Zwiebel
2 Karotten
500 g Kartoffeln
1 Stange Sellerie
100 g Buchweizen
1 EL Butter
1 ½ l Gemüsebrühe
200 g Erbsen
1 Bund Petersilie
Salz
schwarzer Pfeffer
1 Prise Zucker
1 EL Tomatenmark
1 EL Zitronensaft
100 g Sahne

Die Zwiebel schälen und in feine Würfel schneiden. Die Karotten und Kartoffeln schälen und in etwa 2 cm große Würfel schneiden. Den Sellerie waschen, putzen und in Scheiben schneiden. Den Buchweizen waschen und in einem Sieb abtropfen lassen.

Die Butter in einem Topf erhitzen. Die Zwiebelwürfel darin andünsten. Den Buchweizen hinzufügen und kurz mit anschwitzen. Die Karotten- und Kartoffelwürfel mit den Selleriescheiben zu der Buchweizenmischung in den Topf geben und andünsten.

Die Gemüse-Buchweizenmischung mit der Gemüsebrühe ablöschen. Alles zum Kochen bringen, anschließend die Hitze reduzieren und den Eintopf etwa 1 Stunde bei schwacher Hitze köcheln lassen.

Die Erbsen aus den Hülsen palen, in ein Sieb geben und mit kaltem Wasser abbrausen. Anschließend in den Eintopf geben und alles etwa 10 Minuten weiter köcheln lassen.

Inzwischen die Petersilie waschen, trockenschütteln und klein schneiden. Den Buchweizen-Kartoffel-Topf mit Salz, Pfeffer, Zucker, Tomatenmark und Zitronensaft verfeinern. Vor dem Servieren die Sahne und die Petersilie unterrühren.

Viez

Viez – so nennt man den traditionellen Apfelmost in Trier. Für den Viez werden nur ungespritzte Äpfel genommen, je saurer, desto besser. Die Äpfel werden in einer Mühle geschnitzelt und die Apfelstückchen dann unter hohem Druck gepresst. Frisch getrunken heißt der Most »süßer Viez«. Aber der richtige Viez muss noch 2 bis 3 Monate im Fass gären.

Tatarenkorn

Tater-, Pater- oder Heidekorn wird im Volksmund der Buchweizen genannt. Aus Asien kam der Buchweizen vor Jahrhunderten nach Europa. Es handelt sich übrigens nicht um Getreide, sondern um ein Knöterichgewächs, das auch auf kargen Böden gut gedeiht. Buchweizen ist frostempfindlich, deshalb wird er nicht vor Mitte Mai ausgesät; er blüht erst im Hochsommer. Im September ist Erntezeit. Roher Buchweizen ähnelt Bucheckern, daher stammt auch der Name Buchweizen. Verarbeitet werden die geschälten, hellen, dreieckigen Früchtchen, die auch geröstet und zu Schrot oder Mehl gemahlen werden können.

»

Gebackene Buchweizencrêpetorte mit Kopfsalat

4 Personen
braucht Zeit

für die Crêpes

25 g flüssige Butter
¼ l Milch
3 Eier
80 g Buchweizenmehl
Salz
40 g Butterschmalz

für die Füllung

1 rote Paprikaschote
1 gelbe Paprikaschote
2 Schalotten
1–2 Knoblauchzehen
1 Zucchini
1 Aubergine
2 EL Olivenöl
1 EL Tomatenmark
Chili aus der Gewürzmühle
Salz
150 ml Tomatensaft
4 Tomaten
200 g geriebener Parmesan
10 Basilikumblätter
60 g Sahne
1 Eigelb
schwarzer Pfeffer

für den Salat

1 Kopfsalat
Salz
3 EL Olivenöl
2 EL weißer Aceto Balsamico
Kerbelblättchen zum Garnieren

Die Butter zerlassen und abkühlen lassen. Mit Milch, Eiern, Mehl und Salz mit dem Stabmixer zu einem glatten Teig verarbeiten. Etwas Schmalz in einer Pfanne erhitzen und darin aus dem Teig goldbraune Pfannkuchen backen.

Backofen auf 200 °C (Umluft 180 °C; Gas Stufe 3) vorheizen. Paprikaschoten halbieren, putzen und waschen. Im Ofen garen, bis die Haut braun wird. Herausnehmen, mit einem feuchten Tuch bedecken, kurz stehen lassen, enthäuten und würfeln. Schalotten und Knoblauch schälen und würfeln. Zucchini und Aubergine waschen, putzen und würfeln. Olivenöl erhitzen. Schalotten und Knoblauch darin glasig dünsten. Paprika, Zucchini und Auberginen zufügen und anbraten. Tomatenmark unterrühren. Mit Chili und Salz würzen und mit Tomatensaft auffüllen. Köcheln lassen, bis die Flüssigkeit fast eingekocht ist. Inzwischen die Tomaten überbrühen, abschrecken, enthäuten, entkernen und würfeln.

Vom Parmesan 50 g beiseite stellen. Backofen auf 180 °C (Umluft 160 °C; Gas Stufe 2) vorheizen. Einen Tortenring von 22 cm Durchmesser auf ein Blech setzen. Einen Pfannkuchen hineinlegen, etwas Füllung darauf streichen, einen Teil der Tomaten darauf geben, die Basilikumblätter darauf verteilen und einen Teil Parmesan darüber streuen. Einen weiteren Pfannkuchen darauf legen und den Vorgang wiederholen, bis der Tortenring gefüllt ist. Die Sahne halb steif schlagen. Mit Eigelb und dem übrigen Parmesan verrühren. Mit Salz und Pfeffer würzen und auf die Torte streichen. Im Ofen 30 Minuten backen. Den Kopfsalat waschen, putzen, und trocknen. Mit Salz, Olivenöl und Essig marinieren. Auf Tellern anrichten. Ein Stück der Buchweizencrêpetorte darauf setzen. Mit Kerbel garnieren.

Buchweizen, ein Vollwertstar

Buchweizen ist leicht verdaulich und enthält zahlreiche Spurenelemente, Mineralien und Vitamine, unter anderem Rutin, das bei Venenschwäche helfen und der Arteriosklerose vorbeugen soll. Buchweizen enthält im Gegensatz zu Getreide keinen Kleber oder Gluten, ist also ideal für Allergiker. Und noch ein Pluspunkt: Buchweizen verträgt keine chemischen Dünger und Pestizide. Wer auf Biokost Wert legt, kann dem Buchweizen also vertrauen. Und wer will, kann Buchweizen sogar in Form von Nudeln oder Bier zu sich nehmen.

Nudeln al pesto

Rezept von Bernd Mühle, Damscheid

4 Personen
braucht Zeit

für die Nudeln
400 g Weizenmehl
4 Eier
etwas Salz
Mehl für die Arbeitsfläche

für die Sauce
3 Bund Basilikum
2 Knoblauchzehen
100 g Parmesan
50 g Pinienkerne
¼ l Olivenöl
Salz

Für die Nudeln das Mehl auf das Backbrett häufen und eine Mulde hineindrücken. Das Ei mit dem Salz hineingeben. Das Mehl vom Rand aus mit dem Ei vermischen.

Den Teig so lange kneten, bis er geschmeidig ist, anschließend den Nudelteig zu einem Laib formen und zugedeckt 30 Minuten unter einem feuchten Tuch ruhen lassen.

Den Teig in 2 bis 3 Stücke teilen und diese nacheinander auf bemehlter Arbeitsfläche mit dem Nudelholz sehr dünn ausrollen.

Aus den Teigstücken mit der Nudelmaschine nach Herstelleranweisung etwa 1 cm breite Bandnudeln zubereiten. (Oder die Teigstücke in der Mitte teilen, aufeinander legen, aufrollen und in 1 cm breite Streifen schneiden.) Die Nudeln mit der Gabel lockern, an einem luftigen Ort ausbreiten und trocknen.

Für die Sauce die Basilikumblätter waschen und gründlich trocknen. Den Knoblauch schälen. Den Parmesan reiben. Die Basilikumblätter mit dem Knoblauch, den Pinienkernen und etwas Öl im Mörser zu einer Paste verarbeiten oder die Zutaten im Mixer so lange pürieren, bis eine dickflüssige grüne Paste entstanden ist. Das restliche Öl und den Parmesan hinzufügen und die Sauce mit Salz abschmecken.

Die Nudeln in reichlich Salzwasser bissfest kochen. Etwa 3 EL Nudelwasser mit der Sauce verrühren. Die Nudeln abschütten, in eine vorgewärmte Schüssel geben und die Sauce darüber gießen. Mit Parmesan servieren.

Rotling
Der hellrote Rotling wird durch das Verschneiden (Mischen) von Weißwein- und Rotweintrauben oder ihrer Maische, also den gemahlenen Trauben, hergestellt. Fertige Rot- und Weißweine dürfen nach dem deutschen Weingesetz nicht verschnitten werden. Die Verbraucher kümmern solche Bestimmungen wenig: Der süffige Rotling ist zu vielen Gelegenheiten ein Genuss – zum Beispiel zu Nudeln.

Nudeln machen glücklich

Nudelteig selbst herzustellen, ist ganz einfach: Mehl, Eier und etwas Salz werden zu einem elastischen Teig verknetet, dünn ausgerollt, geschnitten und leicht angetrocknet in Salzwasser gegart. Etwas weicherer Nudelteig lässt sich direkt ins kochende Wasser schaben. Auch die berühmten Spätzle bestehen aus Mehl und Eiern. Industriell hergestellte Eiernudeln sind in unzähligen Ausformungen zu haben. Achten Sie beim Kauf unbedingt auf den Eigehalt. Je mehr Eier nämlich bei der Herstellung pro Kilogramm Mehl verwendet worden sind, desto besser schmecken die Nudeln.

»

Ricotta-Garnelen-Ravioli in Pilzvinaigrette

4 Personen
braucht Zeit

für die Füllung

80 g Ricotta
2 Knoblauchzehen
3 küchenfertige Riesengarnelen
1 Eigelb
½ EL gehackter Thymian
½ EL gehacktes Basilikum
½ EL gehackte Petersilie
Chili aus der Gewürzmühle
Salz

für den Teig

200 g Mehl
50 g Grieß
2 EL Öl
1 Prise Salz
9 Eigelb
½ Bund Kerbel

für die Vinaigrette

300 g gemischte Pilze
100 ml Olivenöl
8 küchenfertige Riesengarnelen
2 Schalotten
2 Knoblauchzehen
50 ml weißer Aceto Balsamico
80 ml Fleischbrühe
Salz, schwarzer Pfeffer
3 Tomaten
1 EL gehackte Petersilie
½ EL Thymianblättchen
Kerbel zum Garnieren

Für die Füllung den Ricotta durch ein Sieb streichen. Den Knoblauch schälen, hacken und dazugeben. Die Garnelen würfeln. Mit Eigelb und gehackten Kräutern hinzufügen. Alles mit Chili und Salz würzen und verrühren.

Für den Teig Mehl, Grieß, Öl, Salz und 7 Eigelbe zu einem glatten Teig verarbeiten und gut durchkneten. Den Teig 1 Stunde ruhen lassen, in 2 Portionen teilen und jeweils dünn ausrollen.

Kerbel waschen, trocknen, zerkleinern und auf einer Teigplatte verteilen. Die zweite Teigplatte darauf legen und beide Teigplatten ausrollen, sodass die Kerbelblättchen schön sichtbar werden.

Übrige Eigelbe verquirlen. Teigplatte halbieren. Eine Hälfte mit Eigelb bestreichen, Füllung mit einem Portionierer darauf verteilen. Zweite Hälfte darauf legen. Mit einem Ravioliausstecher daraus Ravioli ausstechen, in kochendem Salzwasser bissfest garen.

Für die Vinaigrette die Pilze putzen und grob hacken. In einer Pfanne 50 ml Olivenöl erhitzen. Die Pilze und die Garnelen darin anbraten, aus der Pfanne nehmen und beiseite stellen.

Schalotten schälen und in Streifen schneiden, Knoblauchzehen schälen und fein hacken. Übriges Öl in der Pfanne erhitzen, Schalotten und Knoblauch darin anschwitzen. Mit Aceto Balsamico ablöschen und mit Brühe aufgießen. Salzen, pfeffern und einkochen lassen. Tomaten überbrühen, enthäuten, entkernen und würfeln. Ravioli mit Pilzen, Garnelen und Tomaten unterrühren und alles vom Herd nehmen. Petersilie und Thymian unterheben. Mit Kerbelblättchen garnieren und servieren.

Pasta, nicht nur italienisch

Pasta, das italienische Wort für Teigwaren, ist längst auch in Deutschland verbreitet. Die typische italienische Pasta, vor allem Spaghetti, wird nur aus Weizengrieß und Wasser hergestellt – ganz ohne Ei. Der vor allem verwendete Hartweizen (Durumweizen) hat einen besonders hohen Kleberanteil. Die Eiweißstoffe des Weizens quellen bei der Zugabe von Wasser auf und werden klebrig. Dadurch wird der Nudelteig auch ohne Ei elastisch und gut formbar. Und ganz wichtig: Aus Hartweizengrieß hergestellte Pasta bleibt auch beim Kochen stabil – nur so bleibt die Pasta al dente.

Brokkoliauflauf mit Kartoffelkruste

Jutta Firmenich, Heidesheim/Heidenfahrt

6 Personen
braucht Zeit

- 1,8 kg fest kochende Kartoffeln
- Salz
- 1,5 kg Brokkoli
- 2 gelbe Paprikaschoten
- 4 EL Öl
- 400 g rohes, ausgelöstes Kasseler
- 1–2 zerstoßene Wacholderbeeren
- schwarzer Pfeffer
- 300 g mittelalter Gouda
- 150 g Crème fraîche
- 2 Eier (Größe M)
- 1–2 TL Zitronensaft
- geriebene Muskatnuss
- Fett für die Form

Die Kartoffeln waschen und mit der Schale in Salzwasser 15–20 Minuten zugedeckt vorgaren.

Inzwischen den Brokkoli waschen, putzen und in gleichmäßige Röschen teilen. In kochendem Salzwasser 1 Minute blanchieren, kalt abschrecken und abtropfen lassen. Die Paprikaschoten halbieren, putzen, waschen und in 1,5 cm große Rauten schneiden. In einer Pfanne 2 EL Öl erhitzen und die Paprikarauten darin kurz anschwitzen, anschließend leicht salzen.

Das Kasseler in 2 × 3 cm große Streifen schneiden. Das restliche Öl erhitzen und die Kasselerstreifen darin rundum anbraten. Mit Wacholder und Pfeffer würzen.

Den Käse halbieren. Eine Hälfte grob, die andere fein reiben. Die Crème fraîche mit den Eiern verquirlen, den fein geriebenen Käse unterrühren. Mit Salz, Pfeffer, Zitronensaft und Muskat würzen.

Den Backofen auf 200 °C (Umluft 180 °C; Gas Stufe 3) vorheizen. Eine Auflaufform ausfetten. Die Kartoffeln abgießen, schälen und in ½ cm dicke Scheiben schneiden.

Kartoffelscheiben, Brokkoli, Kasseler und Paprikarauten in einer Schüssel mischen und portionsweise in die Form füllen. Dabei auf jede Schicht etwas Eier-Käse-Mischung geben. Zuletzt den grob geriebenen Käse über den Auflauf streuen. Den Auflauf im heißen Ofen auf der mittleren Schiene 40 Minuten backen.

Königin der Beilagen

Über 60 Kartoffelsorten sind in Deutschland bekannt. Man unterscheidet nach den Kocheigenschaften fest kochende, vorwiegend fest kochende und mehlig kochende Sorten. Sehr frühe, nicht lagerfähige Sorten kommen von Juni bis Mitte Juli auf den Markt, frühe, bis Herbst lagerfähige Sorten von Juli bis August, mittelfrühe Sorten, die sich bis Jahresende lagern lassen, im August und September und mittelspäte bis späte Sorten von Mitte September bis November. Sie lassen sich bis März lagern. Neue Kartoffeln sind kürzlich geerntete Sorten. Sie sind meist fest kochend.

»

Überbackene neue Kartoffeln mit Speckvinaigrette

4 Personen
braucht Zeit

für die Kartoffeln

1 kg neue Kartoffeln
Salz, Kümmelsamen
20 g Butterschmalz
50 g zerkleinerte Schalotten
1 EL gehackter Knoblauch
2 EL zerkleinerter Schnittlauch
schwarzer Pfeffer
150 g Bergkäse

für die Vinaigrette

150 g Räucherspeck
2 EL Rapsöl
2 EL Schalottenwürfel
60 ml Fleischbrühe
3–5 EL weißer Aceto Balsamico
4 EL Walnussöl
Salz, 1 Msp. gemahlener Kümmel

Die Kartoffeln waschen, in Salzwasser mit dem Kümmel fast weich kochen. Anschließend schälen und je nach Größe der Kartoffeln halbieren oder ganz lassen.

Das Butterschmalz in einer Pfanne erhitzen und die Kartoffeln darin anbraten. Schalotten und Knoblauch dazugeben und mitbraten. Den Schnittlauch hinzufügen. Die Kartoffelmischung salzen, pfeffern und in eine feuerfeste Form geben. Den Backofen auf 190 °C (Umluft 170 °C; Gas Stufe 4) vorheizen. Den Käse reiben und auf den Kartoffeln verteilen. Das Gericht im heißen Ofen etwa 15 Minuten überbacken.

Für die Vinaigrette den Speck fein würfeln. Das Rapsöl in einer Pfanne erhitzen und die Speckwürfel darin nicht zu scharf anbraten. Die Schalottenwürfel hinzufügen und alles mit der Brühe ablöschen. Die Pfanne vom Herd nehmen.

Den Aceto Balsamico zu der Speck-Schalotten-Mischung gießen. Die Pfanne wieder auf den Herd stellen und alles leicht einkochen lassen. Die Pfanne erneut vom Herd nehmen und nach und nach das Walnussöl darunter rühren. Die Vinaigrette mit Salz und Kümmel würzen und zu den Kartoffeln servieren. Dazu passt Feldsalat.

Biowein

Zur neuen Ernte ein Biowein. Zwar lassen sich im Labor kaum Unterschiede zwischen konventionell erzeugtem und Biowein feststellen. Die Umweltbelastung ist jedoch bei ökologischem Weinbau zweifellos geringer. Und sie müssen sich keineswegs verstecken: So mancher Ökowein hat das Prädikat »großer Wein« verdient. Die Verbandssiegel ECO VIN, Bioland und Naturland bieten Sicherheit beim Einkauf konsequent ökologisch erzeugter Weine.

Kartoffelland Deutschland

Die Deutschen gelten zwar als besonders tüchtige Kartoffelesser, im europäischen Vergleich belegen sie aber nur Platz 3. Die Kartoffelanbaufläche ist seit 1950 fast auf ein Siebtel zurückgegangen. Auch der Pro-Kopf-Verbrauch hat sich auf etwa 70 Kilogramm pro Jahr verringert. Die Erträge je Hektar konnten dagegen stetig gesteigert werden. Mit über 40 Prozent Anbaufläche ist Niedersachsen der größte Kartoffellieferant, gefolgt von Bayern mit gut 18 und Nordrhein-Westfalen mit etwa 10 Prozent.

Im Speckmantel gebratene Kartoffeln auf Bohnengemüse

4 Personen
braucht Zeit

1 kg neue, kleine Kartoffeln
Salz
Kümmelsamen
200 g Allgäuer Käse
150 g Räucherspeck in Scheiben
3 EL Rapsöl
einige Rosmarin- und Thymianzweige
500 g breite Stangenbohnen
2 Schalotten
2 Knoblauchzehen
20 g Butter
100 ml Fleischbrühe
100 g Sahne
schwarzer Pfeffer
3 Bohnenkrautzweige
2 EL geschlagene Sahne

Die Kartoffeln waschen. In Salzwasser mit dem Kümmel fast gar kochen, dann schälen und längs halbieren. Den Käse in dicke Stücke schneiden. Zwischen die Kartoffelhälften ein Stück Käse legen. Die Hälften wieder zusammensetzen. Die Kartoffeln mit dem Speck umwickeln.

Das Rapsöl erhitzen, die Kartoffeln darin anbraten, Rosmarin und Thymian waschen, trockenschütteln und hinzufügen. Die Kartoffeln weitere 10 Minuten braten.

Die Bohnen waschen, putzen, in Stücke schneiden, in Salzwasser blanchieren und in Eiswasser abschrecken. Schalotten und Knoblauch schälen und würfeln. Die Butter erhitzen, beides darin glasig dünsten. Mit Brühe und Sahne auffüllen und einkochen lassen. Die Bohnen in die Sauce geben, alles salzen und pfeffern. Das Bohnenkraut waschen, trocknen und mit der Sahne unterheben.

Die im Speckmantel gebratenen Kartoffeln auf den Bohnen servieren.

Im Speckmantel gebratene Kartoffeln auf Bohnengemüse

Fleisch und Fisch

Deftige Braten, raffiniertes Wild, saftiges Geflügel, feiner Fisch – so vielfältig-lustvoll kann Essen sein. Dabei muss es gar nicht immer die Drei-Sterne-Küche sein, denn die einfachsten Gerichte versprechen oft den höchsten Genuss.

Poularde

Rezept von Marike Palm-Mary, Daun/Neunkirchen

6 Personen
braucht Zeit

1 schweres Hähnchen (etwa 1,3 kg)
2 Zwiebeln
1 Zweig Rosmarin
3 Zweige Petersilie
1 Zweig Selleriegrün
2 EL Butter
Salz, schwarzer Pfeffer
Paprikapulver
2 Karotten
1 Stange Porree
1/8 l Hühnerbrühe
50 ml trockener Weißwein
1 unbehandelte Orange
100 g Champignons
75 g Sahne
2 EL Orangensaft
Löwenzahnblätter und -blüten zum Garnieren

Das Hähnchen waschen und trockenreiben. Die Zwiebeln schälen und hacken. Den Rosmarin, die Petersilie und das Selleriegrün waschen, trockenschütteln und fein hacken.

Die Hälfte der Butter in einem Bräter erhitzen. Die Hälfte der Zwiebeln, den Rosmarin, die Petersilie und das Selleriegrün darin unter Zugabe von Salz, Pfeffer und Paprikapulver dünsten. Die Haut des Hähnchens vom Körper abheben und die Kräutermasse zwischen Körper und Haut schieben.

Die Karotten schälen und zerkleinern. Den Porree putzen, waschen und klein schneiden. Das Hähnchen innen und außen mit Salz und Pfeffer würzen und mit dem Gemüse füllen. Anschließend die Bauchöffnung mit Holzstäbchen verschließen.

Die übrige Butter in der Pfanne erhitzen, das Hähnchen darin bei mittlerer Hitze anbraten und mit der Hühnerbrühe ablöschen. Den Wein dazugießen. Die Orange heiß waschen, in Scheiben schneiden und zum Hähnchen in den Topf geben. Das Gericht bei schwacher Hitze etwa 45 Minuten leicht köcheln lassen.

Das Hähnchen herausnehmen und unter dem Grill im Backofen knusprig grillen. Die Sauce leicht einkochen lassen. Die Champignons putzen, klein schneiden und in der Sauce kurz erhitzen. Mit Sahne und Orangensaft abschmecken, zum Hähnchen servieren. Mit Löwenzahnblättern und -blüten garnieren.

Grauburgunder

Grauburgunder, auch Ruländer, im Französischen Pinot Gris, im Italienischen Pinot Grigio genannt, ergibt saftige und weiche Weine ohne viel Säure, die mit nahezu allen Speisen harmonieren. Die Reben gedeihen besonders gut auf warmen, tiefgründigen Böden, die Trauben reifen spät. Deutschland ist mit etwa 2500 Hektar das Hauptanbaugebiet, auf Baden entfallen fast 1600 Hektar.

Hühnchen oder Hähnchen?

Wer kann angesichts all der Kategorien und Klassifizierungen noch den Überblick behalten?: Hähnchen sind 5 bis 6 Wochen alte weibliche und männliche Tiere, die vor der Geschlechtsreife geschlachtet werden. Sie wiegen 700 bis 1200 Gramm. »Schwere Hähnchen« – früher sagte man auch Poularden – sind Junghennen, die 16 bis 22 Wochen lang besonders gemästet werden und mindestens 1200 Gramm wiegen müssen. Sie werden auch als Fleischhähnchen bezeichnet. Suppenhühner sind 12 bis 15 Monate alte Legehennen mit einem Gewicht von 1,5 bis 2,4 Kilogramm. Sie eignen sich nur zum Kochen.

»

Huhn in der Salzkruste mit indischer Curry-Gemüse-Sauce

4 Personen
braucht Zeit

für das Huhn
- ½ Bund Koriandergrün
- 1 Petersilienzweig
- 2 Thymianzweige
- 5 Rosmarinzweige
- 10 EL Sojasauce
- 3 EL Rapsöl
- 1 Huhn (1,2 – 1,5 kg)
- 5 große Mangoblätter

für den Salzteig
- 6 Eiweiß
- 2,5 kg Salz
- etwa ⅛ l Wasser
- etwa 80 g Mehl

für die Gemüse-Curry-Sauce
- 1 Schalotte
- 2 Knoblauchzehen
- 1 Karotte
- 2 Stangen junger Porree
- 3 EL Sesamöl
- 1 EL gehackter Ingwer
- ½ EL fein gehacktes Zitronengras
- 100 ml Geflügelbrühe
- etwa 200 g Sahne
- 3 EL Sweet Chili Sauce (aus dem Asia-Laden)
- 1 EL Currypulver
- Salz
- ½ Mango
- 1 EL zerkleinertes Koriandergrün

Die Kräuter waschen, trocknen und hacken. Mit der Sojasauce und dem Rapsöl vermischen und das Huhn damit einreiben. Die Mangoblätter waschen und die Stiele entfernen. Die Blätter blanchieren, in Eiswasser abschrecken und auf einem Tuch abtropfen lassen. Das mit der Kräuterpaste bestrichene Huhn in die Blätter einwickeln. Den Backofen auf 200 °C (Umluft 180 °C; Gas Stufe 3) vorheizen.

Für den Salzteig die Eiweiße nur leicht aufschlagen (halb steif). Das Salz hinzufügen und die Eiweiße gut durchrühren. Das Wasser einlaufen lassen und das Mehl darunterrühren. Ein Backblech mit Alufolie auslegen und einen Teil des Salzteiges darauf streichen. Das Huhn darauf setzen und mit dem Rest des Salzteiges bedecken. Im heißen Backofen 1 Stunde 30 Minuten backen.

Für die Sauce die Schalotte schälen und in kleine Würfel schneiden. Die Knoblauchzehen schälen und hacken. Die Karotte schälen und in feine Scheiben schneiden. Den Porree putzen, waschen und in feine Scheiben schneiden.

Das Sesamöl in einer Pfanne erhitzen. Ingwer, Zitronengras, Schalotten, Knoblauch, Karotten und Porree darin kurz anbraten. Mit der Brühe aufgießen und weich dünsten.

Die Sahne und die Chilisauce dazugeben und die Gemüsesauce mit Curry bestäuben und mit Salz abschmecken. Die Mango schälen und das Fruchtfleisch würfeln. Mit dem Koriandergrün dazugeben und kurz einkochen lassen. Die Sauce zu dem Huhn in der Salzkruste servieren. Mit frittiertem Porreestroh garnieren.

Geflügelvielfalt

Nach einem alten Sprichwort hat Geflügel sieben Sorten Fleisch – ein Hinweis auf die vielfältigen Zubereitungsmöglichkeiten, die durchaus vom verwendeten Fleisch abhängen. So lässt sich Geflügel im Ganzen kochen oder die zarte Brust wird gebraten, die Schenkel werden geschmort oder die Flügel frittiert. Eine Delikatesse ist pochierte Geflügelleber. Aus Hühnerklein wird eine kräftige Suppe und auf dem Grill ist mariniertes Geflügelfleisch oft der Star. Und dann die Köstlichkeiten aus kaltem Geflügelfleisch: leckerer Salat oder Sandwiches mit geräucherter Geflügelbrust.

Rinderrouladen mit Schalotten und Serviettenknödel

Rezept von Brigitta Stodden, Rech/Ahr

4 Personen
braucht Zeit

für die Rouladen
4 Rinderrouladen
8 Scheiben Räucherspeck
1 EL kräftiger Senf
Salz, schwarzer Pfeffer
Holzspieße
2 EL Öl, 1 EL Holundergelee
100 ml trockener Rotwein
¼ l Fleischbrühe
4 EL Sahne

für die Schalotten
600 g Schalotten, 100 g Butter
100 g Zucker
¼ l Rotwein

für den Knödel
300 g Toastbrot
1 EL Butter, 3 Eier
300 g Mehl
Salz, ¼ l Milch

Das Fleisch mit Senf bestreichen und auf jede Roulade 2 Scheiben Speck legen. Das Rouladenfleisch aufrollen und mit Holzspießen fixieren. Mit Salz und Pfeffer würzen. Das Öl erhitzen und die Rinderrouladen darin rundum anbraten. Das Holundergelee und den Wein dazugeben und die Rouladen bei schwacher Hitze etwa 45 Minuten garen. Bei Bedarf die Brühe dazugießen. Zum Schluss die Sahne darunter rühren.

Inzwischen die Schalotten schälen und vierteln. Die Butter zerlassen. Den Zucker dazugeben und karamellisieren lassen. Die Schalotten zufügen, so lange unter Rühren garen, bis sie glänzen. Mit Rotwein ablöschen und bei schwacher Hitze einkochen lassen.

Für die Serviettenknödel das Toastbrot in kleine Würfel schneiden. Die Butter in einer Pfanne erhitzen und die Toastbrotwürfel darin goldgelb rösten.

Die Eier trennen. Die Eigelbe mit dem Mehl, etwas Salz und der Milch verrühren und die Brotwürfel unterrühren. Die Eiweiße mit 1 Prise Salz steif schlagen und vorsichtig unterheben.

Eine Stoffserviette oder ein Küchentuch mit kaltem Wasser anfeuchten. Die Knödelmasse darauf geben und zu einem Laib formen, die Enden zusammenbinden. In reichlich kochendem Salzwasser etwa 1 Stunde leise sieden lassen.

Herausnehmen, in Scheiben schneiden und mit den Schalotten zu den Rinderrouladen servieren. Dazu kann man noch einen Bratapfel (Boskop) mit Holundergelee und etwas Zimt und ein paar Rosinen zubereiten.

Rotweincuvée
Zum dunklen Fleisch passt eine Rotweincuvée. Bei einer Cuvée werden verschiedene Weine gemischt. Rotweincuvées kann man aus mehreren Sorten herstellen, etwa den dunklen Dornfelder mit dem hellen Portugieser und dem ausdrucksstarken Schwarzriesling mischen. Man kann auch bei nur einer Sorte bleiben und aus verschiedenen Spätburgunderweinen eine Cuvée kreieren.

Fleisch ist Lebenskraft

Rouladen bleiben durch das Füllen des Fleischs und durch das Schmoren saftig. Aber auch auf das richtige Fleischstück kommt es an. Die Oberschale ist das klassische Rouladenstück. Es sitzt beim Rind ganz hinten. Das Fleisch aus Oberschale und Hüfte ist tiefrot und ganz leicht von Fett durchzogen. Das macht das Fleisch beim Braten zart. Die Schulter ist der größte Teil des Vorderviertels. Sie liefert das dicke Bugstück, aus dem sich ebenfalls Rouladen schneiden lassen.

Kräuter-Rinderrolle mit Kartoffel-Sahne-Gratin und Rotweinsauce

4 Personen
braucht Zeit

für die Rinderrolle
600 g Rinderlende, pariert
Salz, schwarzer Pfeffer
4 EL gehackte Kräuter
Küchengarn
1 EL Butterschmalz
2 Schalotten
2 Thymianzweige
2 Rosmarinzweige
5 EL Sojasauce
Estragon und Kerbel zum Garnieren

für das Gratin
20 g Butter für die Form
125 g Sahne
⅛ l Milch
Salz
geriebene Muskatnuss
½ EL gehackter Knoblauch
400 g Kartoffeln
40 g geriebener Bergkäse
30 g kalte Butterscheiben

für die Sauce
2 rote Zwiebeln
20 g Zucker
¼ l Rotwein
2 Thymianzweige
¼ l roter Portwein
4 EL Marsala

Das Rinderfilet längs aufschneiden und flach klopfen. Mit Salz und Pfeffer würzen und mit den Kräutern bestreuen. Zu einer Roulade zusammenrollen und mit Küchengarn fixieren. Das Butterschmalz erhitzen und die Roulade darin auf allen Seiten gut anbraten.

Den Backofen auf 110 °C (Umluft 90 °C) vorheizen. Die Schalotten schälen und vierteln. Die Kräuter waschen, trocknen und mit den Schalotten zur Roulade geben. Mit Sojasauce ablöschen und garen, bis die Schalotten glänzen. Ein Backblech mit Alufolie auslegen. Das Fleisch aus der Pfanne nehmen und mit den Kräutern und Schalotten auf das Blech legen. Im heißen Ofen etwa 1 Stunde garen. Dann herausnehmen und ruhen lassen.

Für das Gratin den Backofen auf 200 °C (Umluft 180 °C; Gas Stufe 3) vorheizen. Eine feuerfeste Form mit der Butter ausfetten. Sahne und Milch mit Salz, Muskat und Knoblauch abschmecken und aufkochen. Die Kartoffeln schälen, in dünne Scheiben schneiden und in die Form schichten. Mit der Sahne-Milch-Mischung übergießen, mit dem Käse bestreuen und mit den Butterflocken belegen. Im heißen Ofen 30–40 Minuten backen.

Für die Sauce die Zwiebeln schälen und in Streifen schneiden. Den Zucker hellbraun karamellisieren lassen, die Zwiebeln dazugeben und kurz mitrösten. Mit Rotwein ablöschen. Den Thymian zufügen. Alles auf die Hälfte einkochen. Portwein und Marsala dazugießen, die Sauce auf 100 ml reduzieren und durch ein feines Sieb gießen.

Das Kartoffel-Sahne-Gratin in der Mitte der Teller anrichten, eine Tranche des Rinderfilets anlegen und mit der Rotweinsauce beträufeln. Mit etwas frischem Estragon und Kerbel garnieren.

BSE – (k)ein Thema

Bei allem Genuss – Rindfleisch und BSE sind nicht mehr voneinander zu trennen. Als am ehesten gefährlich gelten Fleisch am Knochen, Innereien und Mark. Solange Rindfleisch noch nicht generell auf BSE getestet wird, bleibt Ihnen – wenn Sie auf Rindfleisch nicht gänzlich verzichten wollen – nichts anderes übrig, als Fleisch von vertrauenswürdigen Anbietern zu kaufen. Doch wie können Sie sicher sein, wenn Sie den Bauern, der die Rinder aufzieht, nicht gerade persönlich kennen? Hilfreich ist eine Liste von empfohlenen Rindfleischanbietern, die bei den Verbraucherzentralen angefordert werden kann.

Gefüllte Putenrouladen auf Rahmkohlrabi

Rezept von Marie-Luise Marjan, Köln

4 Personen
braucht Zeit

für die Rouladen
4 Eier
4 Putenschnitzel à etwa 150 g
Salz, schwarzer Pfeffer
2 EL Senf
8 Basilikumblätter
4 Scheiben gekochter Schinken
Holzspieße
30 g Butterschmalz
2 EL Schalottenwürfel
1 EL gehackter Knoblauch
100 ml Weißwein
150 g Geflügelbrühe

für das Gemüse
2 Tomaten, 2 Kohlrabi
Salz, schwarzer Pfeffer
150 g Sahne
2 EL geschlagene Sahne
Petersilienblätter zum Garnieren

Rheinhessen-Silvaner
Rheinhessen ist mit 3100 Hektar Silvaner-Rebfläche das größte Silvanerland der Welt. Der Rheinhessen-Silvaner war einer der ersten Profilweine. Die moderne Weinbereitung aus der alten Rebsorte Silvaner ist eine echte Herausforderung für die rheinhessischen Winzer. Und dieser Herausforderung werden sie voll gerecht: Der trockene »RS« ist ein idealer Essensbegleiter und passt gut zum hellen Putenfleisch.

Die Eier in etwa 10 Minuten hart kochen, kalt abschrecken und schälen. Die Putenschnitzel zwischen zwei Lagen Frischhaltefolie dünn klopfen. Auf beiden Seiten mit Salz und Pfeffer würzen und auf einer Seite mit Senf bestreichen. Die Basilikumblätter waschen, trocknen und darauf geben. Die Schinkenscheiben darauf legen. Jeweils 1 Ei darauf legen. Die Füllung mit den Putenschnitzeln fest aufrollen. Mit Holzspießen fixieren.

Das Butterschmalz in einer Pfanne erhitzen. Die Putenrouladen darin auf allen Seiten gut anbraten. Schalotten und Knoblauch hinzufügen und kurz mitbraten. Mit Wein ablöschen und mit der Geflügelbrühe auffüllen.

Das Ganze ca. 15 Minuten kochen, bis die Rouladen gar sind. Anschließend die Rouladen aus dem Fond nehmen und warm stellen, den Fond durch ein feines Sieb gießen.

Für das Gemüse die Tomaten heiß überbrühen, enthäuten, entkernen und ohne Stielansätze vierteln. Die Kohlrabiknollen putzen, schälen und würfeln. Die Kohlrabiblätter waschen, trockenschütteln und in Streifen schneiden.

Die Kohlrabiwürfel mit dem Fond von den Rouladen in einen Topf geben. Mit Salz und Pfeffer würzen und das Gemüse kurz kochen lassen. Die Sahne hinzufügen und alles ca. 15 Minuten kochen, bis der Kohlrabi gar ist. Die Kohlrabiblätter mit der geschlagenen Sahne unterheben. Zum Schluss die Tomatenwürfel darunter rühren. Das Gemüse auf Tellern anrichten. Die Rouladen halbieren und darauf legen. Die Petersilienblätter waschen, trocknen, zerpflücken und das Gericht damit garnieren.

Pute oder Hähnchen?

Pute oder Truthahn ist ein Geschenk der Neuen an die Alte Welt. Die Hähne werden bis zu 20 Kilogramm schwer, ehe sie im Alter von 6 bis 12 Monaten geschlachtet werden. Beliebter sind junge Hähne mit 4 bis 6 Kilogramm Gewicht. Nicht ganz so fleischig und saftig sind Babyputen, die 2 bis 3 Kilogramm wiegen. Truthahnfleisch wird vor allem in Teilstücken angeboten. Das Brustfleisch wird beim Braten leicht etwas trocken. Anders als beim Hähnchen ist das Fleisch der Keulen wesentlich dunkler. Es eignet sich sehr gut zum Schmoren, auch Schnitzel werden daraus geschnitten.

»

Mit Brezen gefüllte Putenkeule mit weißer Pfefferrahmsauce und Wirsinggemüse

4 Personen
braucht Zeit

für die Putenkeule

2 Putenkeulen à 600 g
Salz, schwarzer Pfeffer
30 g Butterschmalz
1 EL brauner Zucker
4 EL Whiskey, Saft von 1 Orange
¼ l Gemüsefond
Kerbelblättchen zum Garnieren

für die Füllung

2 Laugenbrezeln, 90 ml Milch
60 g Dörrpflaumen
1 Schalotte, 1 Knoblauchzehe
15 g Butter, 1 Ei
1 EL gehackte Petersilie
Salz, schwarzer Pfeffer
geriebene Muskatnuss

für die Sauce

20 g weiße Pfefferkörner
20 g Butter, 50 g Schalottenwürfel
150 ml Fond von den Putenkeulen
150 g Sahne

für das Gemüse

1 Kopf Wirsing
3 Tomaten, 1 Schalotte
1 EL Butterschmalz
1 EL Räucherspeckwürfel
Salz, schwarzer Pfeffer
geriebene Muskatnuss

Haut und Sehnen der Putenkeulen entfernen, den Knochen an der Unterkeule etwas frei schaben und aus der Oberkeule auslösen. Die dicken Fleischteile etwas einschneiden, auseinander klappen und flach klopfen. Salzen und pfeffern.

Laugenbrezeln würfeln. Milch erhitzen, darüber gießen und alles zugedeckt 20 Minuten quellen lassen. Pflaumen fein würfeln. Schalotte und Knoblauch schälen und hacken. Butter zerlassen, beides darin glasig dünsten. Mit Ei, Petersilie, Pflaumen, Salz und Pfeffer unter die Brezelmasse kneten. Füllung auf die Oberkeulen geben, das Fleisch darüber zusammenklappen, die Keulen wenden, die Seiten andrücken und die Keulen mit Küchengarn fixieren. Salzen und pfeffern. Ofen auf 160 °C (Umluft 140 °C; Gas Stufe 1) vorheizen. Schmalz erhitzen, Putenkeulen darin anbraten. Zucker zufügen, karamellisieren, mit Whiskey, Orangensaft und Fond auffüllen. Die Keulen im Ofen 1 Stunde 30 Minuten im offenen Topf garen, öfters mit Bratfond übergießen. Das Fleisch herausnehmen und zugedeckt warm stellen. Fond durch ein Sieb gießen, entfetten und reduzieren.

Pfefferkörner zerstoßen, in ein Sieb geben und in kochendem Wasser blanchieren. Butter erhitzen. Schalotten mit Pfefferkörnern darin glasieren. Mit Fond und Sahne ablöschen und auf die Hälfte reduzieren. Durch ein feines Sieb gießen.

Wirsing waschen und putzen. Blätter in kochendem Wasser blanchieren und in Eiswasser abschrecken. Die Blätter grob zerkleinern. Tomaten überbrühen, enthäuten, entkernen und ohne Stielansätze würfeln. Schalotte schälen und würfeln. Schmalz erhitzen. Schalotten und Speck darin anbraten. Wirsing zufügen. Mit Salz, Pfeffer und Muskat würzen. Die Tomaten unterrühren.

Putenfleisch – einfach gut

Truthahnfleisch und daraus hergestellte Spezialitäten, beispielsweise Truthahnsalami, eignen sich für eine gesunde Ernährung. Sie liefern hochwertiges Eiweiß, Vitamine und Mineralstoffe, haben aber nur wenig Fett und Kalorien. Putenbrust etwa enthält nur durchschnittlich 1 Gramm Fett pro 100 Gramm. Die Zusammensetzung der Eiweißbausteine ist dem menschlichen Körpereiweiß ähnlich, sodass Puteneiweiß leicht in körpereigenes umgewandelt werden kann. Truthahnfleisch ist deshalb leicht bekömmlich – und ein Genuss ist es ohnehin.

Backesbraten mit Kartoffelgratin

Rezept von Lothar Wagner, Siefersheim

4 Personen
braucht Zeit

für den Braten
600 g Schweinerücken
½ l Weißwein
150 g Kartoffeln
50 g Zwiebeln
50 g Dörrfleisch
1 EL Butter
150 g Fleischbrät
1 EL Schnittlauchröllchen
1 EL gehackte Petersilie
½ EL Majoranblättchen
Salz, schwarzer Pfeffer

für das Gratin
600 g Kartoffeln, 300 g Sahne
Salz, schwarzer Pfeffer
geriebene Muskatnuss

für die Sauce
300 g Schmand, 100 g Sahne
1 EL Honig, 1 EL Senf
150 g geriebener Meerrettich
Salz, weißer Pfeffer

Den Schweinerücken am besten gleich vom Metzger in der Mitte aufstechen lassen und über Nacht in Weißwein einlegen. Am nächsten Tag das Fleisch herausnehmen und trockentupfen.

Die Kartoffeln schälen, in Würfel schneiden und in kochendem Wasser etwa 6 Minuten garen. Sie sollen noch eine feste Konsistenz haben.

Die Zwiebeln schälen und mit dem Dörrfleisch würfeln. Die Butter erhitzen, Zwiebeln und Dörrfleisch darin anschwitzen. Mit den Kartoffeln, dem Fleischbrät und den Kräutern mischen und alles mit Salz und Pfeffer würzen.

Den Backofen auf 180 °C (Umluft 160 °C; Gas Stufe 2) vorheizen. Die Masse mit einem Spritzbeutel in den Schweinerücken füllen. Den Braten im heißen Ofen etwa 1 Stunde garen (wenn eine Kerntemperatur von 65 °C erreicht ist, ist der Braten fertig).

Für das Gratin die Kartoffeln schälen, in dünne Scheiben schneiden und dachziegelartig in die Form setzen. Die Sahne erwärmen und kräftig mit Salz, Pfeffer und Muskat abschmecken. Anschließend über die Kartoffeln gießen und das Gratin zu dem Schweinebraten in den Ofen geben und etwa 45 Minuten garen.

Für die Sauce den Schmand mit der Sahne, dem Honig, dem Senf und dem Meerrettich mischen. Mit Salz und Pfeffer würzen und einmal aufkochen lassen. Zu dem Backesbraten und dem Kartoffelgratin servieren.

Weißweincuvée
Die meisten deutschen Weine sind aus nur einer einzigen Rebsorte gekeltert. Jede Traubensorte hat ihren eigenen Geschmack, die eine mehr Säure, die andere mehr Frucht. Cuvée, Assemblage oder Mariage werden die Mischungen verschiedener Weine genannt.

Fleisch mit langer Tradition

Das Schwein ist Symbol für Reichtum, Glück und Genuss. Schon die alten Chinesen schätzten das Schweinefleisch als Kostbarkeit und betrieben bereits 5000 vor Christus Schweinezucht. Auch heute rangiert Schweinefleisch auf der Beliebtheitsskala ganz weit vorne. Längst ist es nicht mehr so fett wie früher. Dafür liefert es wertvolles Eiweiß, Mineralstoffe und Vitamine. Allerdings sind die Ergebnisse der Magerzucht auf viel Fleisch und wenig Fett nicht immer erfreulich. Etwas boshaft spricht man von PSE-Fleisch: pale (blass), soft (fade) und exudative (ausgetrocknet).

»

Schweinerollbraten mit gefüllten Hagebuttenkartoffeln

4 Personen
braucht Zeit

für den Rollbraten

1 Schweinenacken
Salz, schwarzer Pfeffer
200 g Zwiebel
60 g Schmalz
1 EL gehackter Knoblauch
1 EL Honig
3 EL geriebener Meerrettich
9 Thymianzweige
80 ml Portwein
2 Äpfel
1 Karotte
¼ Sellerieknolle
¼ Stange Porree
1 EL Tomatenmark
200 ml Weißwein
700 ml Brühe
Chili aus der Gewürzmühle

für die Kartoffeln

600 g fest kochende Kartoffeln
Salz
2 Eier
200 g Paniermehl
100 g Mehl
100 g Hagebuttenmark
150 g Butterschmalz

Fleisch längs aufschneiden, flach klopfen, salzen und pfeffern. Zwiebeln schälen und würfeln. 20 g Butterschmalz erhitzen. Zwiebeln und Knoblauch darin anbraten. Honig und 2 EL Meerrettich dazugeben. Salzen und pfeffern. Thymian waschen und trocknen. Von einem Zweig die Blättchen abzupfen und mitbraten, den Rest beiseite legen. Alles mit Portwein ablöschen und einkochen lassen. Einen Apfel schälen, grob raspeln und dazugeben. Den übrigen Meerrettich auf das Fleisch geben und die Füllung darauf streichen. Das Fleisch aufrollen und mit Küchengarn fixieren.

Das übrige Butterschmalz erhitzen. Das Fleisch darin anbraten. Karotte und Sellerie schälen. Den Porree putzen und waschen. Mit Karotte und Sellerie würfeln, zum Fleisch geben und mitbraten.

Den Backofen auf 160 °C (Umluft 140 °C; Gas Stufe 1) vorheizen. Den übrigen Apfel schälen, würfeln und mit dem übrigen Thymian zum Gemüse geben. Das Tomatenmark zufügen, rösten und alles mit Wein und Brühe aufgießen. Im Ofen 1 Stunde 30 Minuten im offenen Topf braten, ab und zu mit Sauce übergießen. Dann den Braten warm stellen. Die Sauce durch ein Sieb gießen. Mit Salz und Chili würzen.

Die Kartoffeln waschen und in Salzwasser weich kochen. Abgießen, schälen, abkühlen lassen und längs halbieren. In der Mitte aushöhlen. Die Eier verquirlen. Paniermehl und Mehl je in eine Schüssel geben. Die Hälfte der Kartoffelhälften mit dem Hagebuttenmark füllen. Den Rand mit Ei bestreichen und die ungefüllten Hälften darauflegen. Die Kartoffeln in Mehl, dann im Ei und zuletzt im Paniermehl wenden. Das Schmalz erhitzen. Die Kartoffeln darin ausbacken und auf Küchenpapier entfetten. Mit dem Schweinerollbraten und der Sauce servieren.

Qualität hat ihren Preis

Wen wunderts, wenn das unschlagbar billige Schnitzel aus dem Sonderangebot in der Pfanne sofort Flüssigkeit zieht und nach dem Braten nur noch halb so groß und zäh ist? Kräftig rosarot, mit zarten Fasern und marmoriert – so ist das Fleisch von 7 bis 8 Monate alten Mastschweinen ein wahrer Genuss. Ein Genuss allerdings, der seinen Preis hat. Denn sorgfältige Aufzucht, womöglich mit Weidegelegenheit und wie früher Eichel-, Kastanien- und Kartoffelfutter, sowie kurze und schonende Wege zum Schlachthof sind kostenintensiv. Aber für wirklich gutes Schweinefleisch lohnt es, etwas tiefer in die Tasche zu greifen.

Rehragout im Kräuterteig

Rezept von Angelika Liebethal, Idar-Oberstein

4 Personen
braucht Zeit

für den Kräuterteig
je 1 Bund Petersilie, Dill und Schnittlauch
200 g Mehl, Salz
125 g Frischkäse, 125 g Butter
Fett für die Form
1 Eigelb, etwas Milch

für das Rehragout
1 kg Rehfleisch ohne Knochen
schwarzer Pfeffer
1 Knoblauchzehe
12 Schalotten
3 TL Olivenöl
100 ml trockener Weißwein
100 ml dunkler Wildfond
20–30 rote Pfefferkörner
2 Sternanis, ½ Zimtstange
½ Stängel Zitronengras
3 Kardamomkapseln
1 TL Zitronensaft
3 Eier
1 TL abgeriebene Zitronenschale

Die Kräuter waschen, trocknen und fein hacken. Mit Mehl und Salz vermischen. Den Frischkäse und die Butter in Stücken dazugeben und alles mit den Knethaken des Handrührgerätes zu einem geschmeidigen Teig verarbeiten. Wenn sich die Zutaten nicht vermischen lassen, etwas Eiswasser zufügen. Kühl stellen.

Für das Ragout das Fleisch waschen, trockentupfen, in 2 cm große Würfel schneiden und pfeffern. Die Knoblauchzehe und die Schalotten schälen und fein würfeln. Den Backofen auf 140 °C (Umluft 120 °C; Gas Stufe 1) vorheizen. Das Öl in einem Bräter erhitzen und Knoblauch sowie Schalotten darin anbraten. Das Fleisch zufügen und rundum anbraten. Wein und Fond angießen.

Den roten Pfeffer im Mörser grob zerstoßen. Sternanis, Zimtstange, Zitronengras und Kardamomkapseln in ein Gewürzsäckchen geben und zubinden. Mit dem Pfeffer und dem Zitronensaft zum Fleisch geben. Das Ragout zugedeckt im heißen Ofen etwa 1 Stunde garen. Das Gewürzsäckchen entfernen und das Ragout salzen.

Die Garflüssigkeit abgießen, davon 150 ml abmessen und mit den Eiern in einer Schüssel verquirlen. Die Zitronenschale dazugeben. Die Mischung unter das lauwarme Ragout rühren.

Backofen auf 200 °C (Umluft 180 °C, Gas Stufe 3) vorheizen. Teig ausrollen, eine runde feuerfeste Form ausfetten und mit dem Teig auskleiden. Übrigen Teig in 2 cm breite Streifen schneiden und zu einem Netz verflechten. Ragout in die Form füllen, Teignetz darauf legen, überstehenden Teig abschneiden und Ränder zusammendrücken. Eigelb mit Milch verquirlen und Teigstreifen damit bestreichen. Gericht im Ofen etwa 30 Minuten backen.

Dornfelder
Dornfelder, mit 1600 Hektar Anbaufläche in fast allen deutschen Weingebieten verbreitet, ist eine noch relativ junge Neuzüchtung aus Helfensteiner und Heroldrebe. Die Weine zeichnen sich durch markante Fruchtigkeit und tiefrote Farbe aus. So ist Dornfelder ein idealer Begleiter kräftiger Gerichte. Mit Wild beispielsweise harmoniert er hervorragend.

Wild – vielfältiger Genuss

»Wildbret und Fisch gehören auf des Herrn Tisch« – diese Unterteilung gilt schon lange nicht mehr. Stattdessen unterscheidet man zwischen Haar- und Federwild. Zum Haarwild gehören Reh, eine ausgesprochene Delikatesse, Rotwild – das ist der Oberbegriff für Hirsche –, Damwild mit seinem dem Reh ähnlichen Fleisch, der berühmte Schwarzkittel, also das Wildschwein, sowie Hasen und Wildkaninchen. Zum Federwild, auch Wildgeflügel genannt, zählen alle frei lebenden, jagdbaren Vögel, also Fasane, Rebhühner, Wachteln und Wildenten.

»

Gebackene Rehschnitzel mit Pfifferlingsragout und Preiselbeerspätzle

4 Personen
braucht Zeit

für die Rehschnitzel
4 dünne Scheiben Rehfleisch aus der Oberschale à 100 g
Salz, schwarzer Pfeffer
100 g Weißbrot
4 Petersilienzweige
4 Thymianzweige
3 Majoranzweige
1 Rosmarinzweig
2 Eier, 1 EL Sahne
40 g Mehl, 120 g Butterschmalz

für das Ragout
400 g Pfifferlinge
2 Schalotten
30 g Butterschmalz
1 Knoblauchzehe
50 ml Weißwein
250 g Sahne
Salz, weißer Pfeffer
etwas Speisestärke
2 EL geschlagene Sahne
1 EL gehackte glatte Petersilie

für die Spätzle
6 Eier
250 g Mehl
Salz, schwarzer Pfeffer
frisch geriebene Muskatnuss
40 g Butter
120 g eingelegte Preiselbeeren

Das Rehfleisch mit einem Fleischklopfer flach klopfen. Die Scheiben werden dabei so groß, dass sie noch einmal halbiert werden sollten. Mit Salz und Pfeffer würzen.

Das Weißbrot von der Rinde befreien und in Würfel schneiden. Die Kräuter waschen, trockenschütteln und fein hacken. Die Blättchen klein zupfen. Die Brotwürfel in der Küchenmaschine mahlen und mit den Kräutern vermengen. Die Eier mit der Sahne verquirlen.

Die Rehschnitzel auf beiden Seiten mit Mehl bestäuben, durch die Eier-Sahne-Mischung ziehen und in der Weißbrot-Kräuter-Mischung panieren. Das Butterschmalz erhitzen und die Schnitzel darin auf beiden Seiten knusprig anbraten. Nochmals salzen.

Die Pfifferlinge putzen. Die Schalotten schälen und würfeln. Die Knoblauchzehe schälen und hacken. Das Butterschmalz erhitzen. Die Pfifferlinge darin anbraten. Schalotten und Knoblauch dazugeben und alles gut schwenken. Mit Wein ablöschen und kurz einkochen lassen. Die Sahne zufügen und alles noch etwas einkochen lassen. Mit Salz und Pfeffer würzen. Stärke mit kaltem Wasser anrühren, Sauce damit binden. Sahne und Petersilie unterheben.

Die Eier glatt rühren. Nach und nach das Mehl unterrühren. Den Teig so lange schlagen, bis er Blasen wirft. Mit Salz, Pfeffer und Muskat würzen. Mit einer Spätzlepresse (oder von Hand) den Teig in kochendes Salzwasser drücken oder schaben. Die Spätzle herausheben, wenn sie nach oben steigen. Abschrecken und abtropfen lassen. Die Preiselbeeren abtropfen lassen. Die Butter aufschäumen. Die Spätzle mit den Preiselbeeren darin schwenken und salzen. Mit den Rehschnitzeln und dem Ragout anrichten.

Wild aus Wald und Zucht

Frisches Wild ist nur während der Jagdsaison erhältlich, Rehwild von Mai bis Februar, Rotwild von Juni bis Februar, Damwild von Juli bis Februar, junge Wildschweine ganzjährig, Hasen von Oktober bis zum 15. Dezember, Kaninchen ganzjährig. Die Jagdzeit für Federwild liegt in der kalten Jahreszeit. Damwild stammt mittlerweile sehr häufig aus landwirtschaftlicher Gatterhaltung, Wachteln kommen fast nur noch aus Zuchtbetrieben. Wildkauf ist Vertrauenssache. Chancen auf ein wirklich gutes Stück Fleisch haben Sie, wenn Sie einen Jäger kennen. Eine gute Alternative ist tiefgefrorenes Wild.

Räucherforelle in Blätterteig

4 Personen
braucht Zeit

Rezept von Reiner Griechen, Kaiserslautern

für die Forelle

4 Platten TK-Blätterteig
2–3 Scheiben gekochter Schinken
2–3 Räucherlachsscheiben
2 EL gehackte Kräuter (Dill, Petersilie, Schnittlauch und Brunnenkresse)
3 geräucherte Forellenfilets
weißer Pfeffer aus der Mühle
1 Ei
1 Wacholderbeere zum Garnieren

für den Salat

1 geräuchertes Forellenfilet
2 Äpfel
200 g gekochter Knollensellerie
2 EL Zitronensaft
Salz, schwarzer Pfeffer
Zucker, 150 g saure Sahne
je 1 EL gehackte Petersilie und Brunnenkresse

Den Blätterteig auftauen lassen, mit Wasser bepinseln, je 2 Platten aufeinander legen und zu 2 etwa 20 × 30 cm großen Rauten ausrollen. Den Backofen auf 200 °C (Umluft 180 °C; Gas Stufe 3) vorheizen. Eine Teigplatte mit dem Schinken belegen. Dabei einen 1 cm breiten Rand frei lassen. Die Lachsscheiben darauf legen und mit den Kräutern bestreuen.

Die Forellenfilets in die Mitte legen und pfeffern. Das Ei trennen. Die Ränder mit Eiweiß bestreichen und die zweite Teigplatte darauf legen. Die Ränder andrücken, an einem Ende ausschneiden und die Schwanzflosse modellieren. Den Teig mit der Gabel einkerben, sodass Flossen entstehen. Die Wacholderbeere als Auge verwenden. Den Teig mit Eigelb bestreichen und das Ganze im heißen Ofen etwa 20 Minuten backen.

Für den Salat das Forellenfilet würfeln. Die Äpfel schälen und vierteln. Die Viertel vom Kerngehäuse befreien und würfeln. Den Sellerie würfeln. Mit Forellen- und Apfelwürfeln, Zitronensaft, Salz, Pfeffer, etwas Zucker und saurer Sahne mischen und die Kräuter darunter heben.

Schinkenröllchen einmal anders

Schinkenröllchen einmal anders

Rezept von Reiner Griechen, Kaiserslautern

4 Personen
geht schnell

1 große Scheibe gekochter Schinken (etwa 15 × 30 cm)
6 Scheiben Räucherlachs
1 EL Meerrettich (aus dem Glas)
je 1 EL gehackte Petersilie, Dill, Schnittlauch und Kerbel
weißer Pfeffer aus der Mühle
1 geräucherte Forelle
1 EL Schmand
1 EL Crème fraîche

Die Schinkenscheibe auf ein Stück Frischhaltefolie legen, das etwas größer als der Schinken ist. Die Lachsscheiben darauf ausbreiten.

Aus dem Meerrettich und den gehackten Kräutern eine streichfähige Paste rühren und mit Pfeffer abschmecken. Die Lachsscheiben gleichmäßig mit der Kräuterpaste bestreichen.

Die Forelle von Haut und Gräten befreien und filetieren. Die Hälfte davon mit dem Schmand, der Crème fraîche und etwas Pfeffer verrühren. Die Forellencreme auf die Kräuterpaste streichen.

Die übrigen Forellenfilets in kleine Stücke schneiden und auf der Kräuterpaste verteilen. Die Schinkenscheibe mit der Füllung fest zusammenrollen und im Tiefkühlfach etwa 25 Minuten anfrieren lassen.

Die Schinkenrolle aus dem Tiefkühlfach nehmen, die Frischhaltefolie entfernen. Die Rolle in schräge Scheiben schneiden. Auf geröstete Baguettescheiben legen und servieren.

Chardonnay

Böse Zungen sprechen von ABC: Alles, bloß kein Chardonnay. Zu Unrecht, denn die weite Verbreitung dieser französischen Weißweinrebsorte belegt nur ihre Beliebtheit. Nur aus unreifen Trauben vergorene Weine sind relativ geschmacksarm. Die deutschen Winzer haben sich mit Erfolg dieser Rebsorte angenommen und erzeugen kräftige trockene Weine, die vorzüglich mit einfachen, aber auch edlen Speisen harmonieren.

Vielfältiger Räucherfisch

Früher diente Räuchern vor allem zum Haltbarmachen von Lebensmitteln. Heute fällt die Wahl eher aus kulinarischen Gründen auf geräucherten Fisch. Geräuchert werden insbesondere fettreiche Fischsorten. Bekannt sind Räucheraal, geräucherter Hering und Stör sowie geräucherte Makrele. Eine Spezialität sind Schillerlocken, in Streifen geschnittene und durch Heißräuchern geringelte Bauchlappen des Dornhais. Am beliebtesten sind Räucherforelle, die im Ganzen oder bereits filetiert angeboten wird, und natürlich der Räucherlachs, der König unter den Räucherfischen.

Räucherfischmousse auf Gurkenspaghetti

4 Personen
braucht Zeit

für die Mousse
300 g Räucherfisch
6 Blatt Gelatine
150 ml Fischvelouté (s. unten)
450 ml Sahne
7 Scheiben Räucherlachs
Salz, schwarzer Pfeffer
1 EL gehackter Dill

für den Fond
1 Karotte
1 Zwiebel
½ Stange Porree
½ l Wasser

für die Velouté
1 Schalotte
1 EL Butter
1 EL Mehl
50 g Sahne
200 ml Fond vom Räucherfisch (s. oben)

für die Gurkenspaghetti
1 große Salatgurke
½ Bund Dill
3 EL Olivenöl
1 EL Mayonnaise
1 EL Crème fraîche
Salz, schwarzer Pfeffer

Den Räucherfisch von Haut, Kopf und Gräten befreien und diese für den Fond aufbewahren. Den Fisch bis zur weiteren Verwendung in den Kühlschrank stellen.

Für den Fond Karotte und Zwiebel schälen. Porree putzen und waschen. Mit Karotte und Zwiebel zerkleinern. Haut, Gräten und Kopf vom Räucherfisch mit Wasser und Gemüse aufkochen, 30 Minuten bei schwacher Hitze ziehen lassen, durch ein Sieb gießen.

Für die Velouté die Schalotte schälen und klein würfeln. Die Butter in einem Topf zerlassen. Die Schalottenwürfel darin anschwitzen. Mit dem Mehl bestäuben und die Sahne sowie den Fond angießen. Alles aufkochen und mit dem Stabmixer pürieren.

Für die Mousse die Gelatine in kaltem Wasser einweichen. Die Fischvelouté mit 200 ml Sahne aufkochen und die Gelatine darin auflösen. Mit Salz und Pfeffer würzen. Etwas abkühlen lassen und im Mixer mit dem beiseite gelegten Räucherfisch pürieren.

Die Räucherfischmasse vollständig abkühlen lassen. Die übrige Sahne steif schlagen, eine Scheibe Lachs würfeln. Kurz bevor die Masse stockt, die Sahne, den Dill und die Lachswürfel darunter heben. Eine mit Frischhaltefolie ausgelegte Terrinenform mit den Lachsscheiben auslegen, die Mousse einfüllen und gut 2 Stunden kalt stellen.

Gurke schälen und mit der Gemüseschneidemaschine oder mit einem scharfen Messer zu Spaghetti schneiden. Dill waschen, trocknen und mit Olivenöl mischen. Mit Gurkenspaghetti, Mayonnaise und Crème fraîche vermischen und mit Salz und Pfeffer würzen. Die Räucherfischmousse in Scheiben schneiden und mit den Gurkenspaghetti auf Tellern anrichten.

Fisch räuchern

Beim Räuchern werden der ganze Fisch oder Fischprodukte mit dem Rauch von schwelendem naturbelassenem Holz behandelt. Dabei wird der Fisch aromatisiert und konserviert. Am schonendsten, allerdings auch aufwendig und deshalb recht teuer ist das Kalträuchern bei 15 bis 25 °C. Warmräuchern geschieht bei 30 bis 40 °C, beim Heißräuchern ist der Rauch 40 bis 90 °C heiß. Geräuchert wird mit Eiche, Buche oder Birke; mit Nadelholz Geräuchertes schmeckt etwas strenger. In der letzten Räucherphase geben Rosmarin- und Wacholderholz oft einen besonders typischen Geschmack.

Gebratene Flussäsche mit Pellkartoffeln

Rezept von Wolfgang Hehle, Mayschoß

2 Personen
braucht Zeit

2 Schalotten
1 Thymianzweig
3 EL Traubenkernöl
1 Lorbeerblatt
½ TL schwarze Pfefferkörner
1 küchenfertige Flussäsche (oder Meeräsche), Salz
etwas Mehl zum Bestäuben
1 EL Beerenauslese-Essig
4 Pellkartoffeln, 20 g Butter
1 Zweig Petersilie

für den Salat
300 g Feldsalat, 1 Zwiebel
2 EL kräftige Rinderbrühe
2 EL Beerenauslese-Essig
2 EL Traubenkernöl, ½ TL Senf
Salz, schwarzer Pfeffer
1 TL Schmand
1 Pellkartoffel

Die Schalotten schälen und in Scheiben schneiden. Den Thymian waschen und trockenschütteln. In einer Pfanne 2 EL Traubenkernöl erhitzen. Die Schalotten mit dem Thymian, dem Lorbeerblatt und ein paar Pfefferkörnern darin andünsten.

Den Fisch kalt abwaschen, trockentupfen, salzen und mit Mehl bestäuben. Zu der Schalottenmischung in die Pfanne geben und auf beiden Seiten bei mittlerer Hitze goldbraun braten. Anschließend die Schalottenmischung aus der Pfanne nehmen, auf einen Teller geben und warm stellen

Das übrige Traubenkernöl in die Pfanne geben, den angebratenen Fisch mit dem Essig beträufeln und zugedeckt 5–10 Minuten garen. Die Schalottenmischung wieder in die Pfanne geben und darin kurz erwärmen.

Die Pellkartoffeln schälen und in Scheiben schneiden. Die Butter in einer Pfanne erhitzen und die Kartoffelscheiben darin schwenken. Die Petersilie waschen, trocknen, hacken und darüber streuen.

Inzwischen den Feldsalat putzen und waschen. Die Zwiebel schälen und klein schneiden. Mit der Brühe aufkochen und durch ein Sieb passieren. Anschließend Essig, Öl, Senf, Salz, Pfeffer und Schmand mit dem Stabmixer langsam darunter mixen.

Die Kartoffel schälen, mit dem Kartoffelstampfer zerstampfen und unterheben. Den Salat anrichten und das Dressing darüber geben. Zu dem Fisch und den Kartoffelscheiben servieren.

Weißherbst

Nicht jeder Rosé ist ein Weißherbst, aber jeder Weißherbst ist ein Rosé. Weißherbst muss aus einer Traubensorte gekeltert sein und die Anforderungen an einen Qualitätswein erfüllen. Kalt schmeckt er am besten zum Fisch. Besonders Auslesen und Eisweine aus Rotweintrauben gelangen oft als Weißherbst auf den Markt.

Reichtum aus Fluss und See

Bekannte Süßwasserfische sind Aal, Forelle, Hecht, Karpfen, Lachs, Waller und Zander. Der ziemlich fette Aal wird häufig geräuchert angeboten. Bachforellen sind selten, überwiegend kommt die gezüchtete Regenbogenforelle auf den Markt. Der Hecht hat mageres, festes Fleisch, allerdings viele Gräten. Karpfen leben in Teichen und langsam fließenden Gewässern. Wie der Hecht ist der Waller, auch Wels genannt, ein Raubfisch. Sein Fleisch ist hell, fast grätenfrei und überaus schmackhaft. Waller ist nicht ganz billig. Noch teurer ist Zander. Das magere Fleisch ist fest und nahezu weiß.

Gedämpftes, gefülltes Forellenfilet mit Kräutersabayon

4 Personen
braucht Zeit

für das Forellenfilet

4 Forellenfilets mit Haut à 60 g
1 Knoblauchzehe
3 Schalotten
20 g Butter
Salz, schwarzer Pfeffer
½ Zucchini
60 g Aubergine
50 g rote Paprikaschote
50 g gelbe Paprikaschote
1 TL Tomatenmark
9 Basilikumblätter
1 EL gehackte Petersilie
1 EL Ricotta

für den Fond

2 rote Zwiebeln
2 Knoblauchzehen
40 g Butter
abgeriebene Schale von ½ Limette
50 ml weißer Portwein
150 ml Weißwein
100 ml Fischfond, Salz

für die Sauce

4 Eigelb
50 g weiche Butter
Salz, schwarzer Pfeffer
1 EL gehackte Petersilie
1 EL gehackter Estragon
1 EL Schnittlauchröllchen
1 TL gehackter Kerbel

Forellenfilets waschen und trockentupfen. Knoblauch und Schalotten schälen und würfeln. Butter erhitzen. Knoblauch- und Schalottenwürfel darin glasig dünsten.

Zucchini waschen und putzen. Schale abziehen und klein würfeln und das Fruchtfleisch für ein anderes Gericht aufbewahren. Aubergine waschen, putzen und würfeln. Paprikaschoten putzen, schälen und würfeln. Mit Zucchinischale und Auberginen zu Knoblauch und Schalotten geben und mitbraten. Salzen, pfeffern und das Tomatenmark unterrühren. Alles in eine Schüssel geben. Basilikum waschen, trocknen, 5 Blätter hacken, den Rest beiseite legen. Gehackte Basilikum- und Petersilienblätter unter die Füllung rühren und alles abkühlen lassen. Dann den Ricotta darunter mischen.

Forellenfilets auf der Grätenseite salzen und pfeffern. Auf eine Seite die Füllung streichen. Je ein Basilikumblatt darauf legen und die andere Hälfte darüber klappen. Die Haut nicht entfernen.

Für den Fond Zwiebeln und Knoblauch schälen. Zwiebeln würfeln. Forellenfilets in einen Dämpfeinsatz legen. Butter in dem dazu passenden Topf erhitzen. Zwiebeln, Knoblauch und Limettenschale darin kurz anschwitzen. Mit Portwein und Weißwein ablöschen und mit Fond auffüllen. Mit Salz würzen. Die Forellenfilets im Dämpfeinsatz über dem Fond zugedeckt etwa 5 Minuten garen. Herausnehmen, die Haut abziehen und die Filets warm stellen. Den Fond reduzieren und durch ein Sieb gießen.

Die Eigelbe mit dem Fischsud verrühren und über dem heißen Wasserbad zur cremigen Sabayon aufschlagen. Die Butter unterrühren. Salzen, pfeffern und Petersilie, Estragon, Schnittlauch und Kerbel unterrühren. Über die Forellenfilets geben.

Vertrauenssache Fischkauf

Gute Transport- und Kühlsysteme garantieren nicht nur in Küstennähe ein vielfältiges Angebot. Die allermeisten Fischhändler bieten nur frische Ware an und lagern den Fisch sachgerecht. Und gerade auf Frische sollten Sie beim Einkauf unbedingt Wert legen. Am bequemsten ist es, wenn Sie bereits küchenfertigen Fisch kaufen. Er ist schon ausgenommen und gegebenenfalls geschuppt. Zahlreiche Fischsorten sind auch filetiert erhältlich. Besonders schmackhaft ist natürlich Fisch aus der Region. Achten Sie bei Ihrem nächsten Ausflug doch einmal auf Forellen- oder Karpfenteiche. Häufig besteht die Möglichkeit zum Privateinkauf.

Die ganz besondere Würze

Was wäre Kochen ohne Salz und Pfeffer? Und erst all die anderen Gewürze und Kräuter! Sie sorgen für unvergleichliche Geschmackserlebnisse – deftig-traditionell, raffiniert-exotisch, kräftig-herzhaft oder himmlisch leicht.

Matjesfilets in Rotweinmarinade

4 Personen
geht schnell

Rezept von Elke Krause, Hohenleimbach

- 8 Matjesfilets
- 2 große, rote Zwiebeln
- ¼ l Rotwein
- ⅛ l Weinessig
- 200 g Zucker
- 5 schwarze Pfefferkörner
- 1 Zimtstange
- 4 Gewürznelken

Die Matjesfilets kalt abspülen und trockentupfen. Die Zwiebeln schälen und in dünne Ringe schneiden.

Den Rotwein und den Weinessig mit dem Zucker, den Pfefferkörnern, den Zwiebelringen, der Zimtstange und den Gewürznelken in einen Topf geben, aufkochen lassen und bei milder Hitze 5 Minuten ziehen lassen. Abkühlen lassen.

Die Matjesfilets zuerst längs, dann quer halbieren und in einen Steinguttopf schichten. Die kalte Marinade darüber gießen und die Matjesfilets 3 Tage zugedeckt im Kühlschrank durchziehen lassen. Dazu kleine Pellkartoffeln reichen.

Gurkensüppchen

Gurkensüppchen

Rezept von Judith Kauffmann, Speyer

4 Personen
geht schnell

1 Zwiebel
1 Knoblauchzehe
3/4 Salatgurke
4–5 Gewürzgurken
1 EL Butter
1/2 l Gemüsebrühe
75 g Sahne
Salz
schwarzer Pfeffer
1 TL Weißweinessig
3 Dillzweige
4 EL geschlagene Sahne

Die Zwiebel schälen und in kleine Würfel schneiden. Den Knoblauch schälen und fein hacken. Die Salatgurke schälen und mit den Gewürzgurken in Würfel schneiden.

Die Butter in einem Topf erhitzen und die Zwiebelwürfel sowie die gehackte Knoblauchzehe darin unter Rühren bei mittlerer Hitze glasig werden lassen.

Die gewürfelte Salatgurke und die Gewürzgurken zu den Zwiebeln und dem Knoblauch in den Topf geben und kurz mitdünsten. Das Gemüse mit der Gemüsebrühe ablöschen und die Sahne dazugießen.

Die Gurkensuppe mit dem Stabmixer pürieren und mit Salz, Pfeffer sowie dem Weißweinessig abschmecken. Den Dill abbrausen, trockenschütteln und klein hacken.

Kurz vor dem Servieren den gehackten Dill sowie die geschlagene Sahne in die Gurkensuppe geben. Sofort anrichten. Nach Belieben Brot dazu reichen.

Saure Getränke

Wer denkt da nicht zuerst an einen herben Wein oder an Zitronenlimonade oder Zitronentee? Zitrone ist nicht nur geschmacklich ein Highlight, sie regt auch den Stoffwechsel an und liefert wertvolles Vitamin C. Zitrone ist wichtiger Bestandteil von Longdrinks und Cocktails, beispielsweise dem Whiskey Sour. Hätten Sie's gedacht: Auf mancher Getränkekarte findet sich als Aperitif hochwertiger Rot- oder Weißweinessig oder Balsamico.

Sauer macht lustig

Sauer kann eigentlich alles abgeschmeckt werden, süße ebenso wie salzige Speisen. Häufig liefern Zitronensaft oder Essig die Säure. Mildere Säure geben Wein, Crème fraîche oder saure Sahne. Klassiker unter den sauren Gerichten ist der Sauerbraten. Auch Fisch fühlt sich in einer säuerlichen Marinade wohl. Beim Gemüse wetteifern saure Gurken und in Essig eingelegte Bohnen, Karotten, Maiskölbchen, Perlzwiebeln und Blumenkohl mit dem Sauerkraut, das seine Säure allerdings nicht durch Essig erhält. Und schließlich: Welcher Salat kommt ohne ein säuerliches Dressing aus?

Sauerkrautmaultaschen mit Bergkäse in lauwarmer Kräuter-Vinaigrette

4 Personen
braucht Zeit

für den Teig
250 g Weizenmehl
100 g Hartweizengrieß
Salz, 2 Eier, 2 EL Rapsöl
50 ml Weißbier

für das Sauerkraut
300 g Sauerkraut
30 g Schmalz
2 EL Schalottenwürfel
1 EL gehackter Knoblauch
2 Lorbeerblätter
50 ml Weißwein
50 ml Brühe
150 g Sahne
Chili aus der Gewürzmühle
Koriander aus der Mühle
80 g Bergkäse
1 EL gehackte Petersilie
2 EL Tomatenwürfel
2 Eigelb

für die Vinaigrette
60 ml Rapsöl
2 EL Schalottenwürfel
1 EL gehackter Knoblauch
3 EL weißer Aceto Balsamico
Salz, schwarzer Pfeffer
2 EL gehackte Kräuter

für die Garnitur
1 Kopfsalat
4 Thymianzweige

Mehl, Grieß und Salz mischen. Eier verquirlen und mit Öl sowie Bier dazugeben. Alles zu einem glatten Teig verkneten. Zu einer Kugel formen, in Frischhaltefolie wickeln und 1 Stunde kühlen.

Sauerkraut waschen, ausdrücken und grob schneiden. Schmalz erhitzen. Schalotten mit Knoblauch darin anschwitzen. Lorbeerblätter zugeben. Mit Wein ablöschen, kurz köcheln lassen und Sauerkraut zufügen. Mit Brühe und Sahne auffüllen. Mit Salz, Chili und Koriander würzen und offen etwa 35 Minuten unter mehrmaligem Rühren garen. Lorbeerblätter entfernen und Sauerkraut abkühlen lassen. Käse klein würfeln. Die Petersilie und Tomatenwürfeln unter das kalte Sauerkraut mischen.

Den Nudelteig mit einer Nudelmaschine dünn ausrollen und in 2 Teigplatten teilen. Mit einem Eisportionierer kleine Portionen von der Sauerkrautfüllung auf eine Teigplatte geben. Die Eigelbe verquirlen und die Ränder damit bestreichen. Die zweite Teigplatte auf die Füllung legen und die Ränder festdrücken. Mit einem Ausstecher runde Maultaschen ausstechen. In kochendes Salzwasser geben und darin etwa 5 Minuten gar ziehen lassen.

In einer Pfanne 20 ml Rapsöl erhitzen. Schalotten und Knoblauch darin anschwitzen, mit Aceto Balsamico ablöschen und einmal aufkochen lassen. Mit Salz und Pfeffer würzen. Das übrige Öl zufügen, die Pfanne vom Herd nehmen. Die Maultaschen und die Kräuter darin schwenken. Mit Salz würzen.

Den Kopfsalat waschen, putzen und trocknen. Die Salatblätter auf Tellern verteilen. Die Maultaschen darauf geben, mit der Vinaigrette beträufeln. Mit den Thymianzweigen garnieren.

Sauerkraut

«

Das beliebte Sauerkraut wird aus fein gehobeltem Weißkohl hergestellt. Der Kohl wird in Fässern mit Salz gepresst und zum Gären gebracht. Dabei bildet sich Milchsäure, die den Kohl in 1 bis 3 Wochen in das delikate Sauerkraut verwandelt. Sauerkraut hält sich im Fass kühl und dunkel gelagert bis zu 9 Monate. Häufig wird es lose verkauft, aber auch abgepackt und als Konserve ist Sauerkraut erhältlich. Sauerkraut schmeckt roh und gekocht und passt sowohl zu deftigen als auch zu feinen Gerichten. Übrigens werden auch saure Salzgurken durch Milchsäuregärung hergestellt.

Pfifferlinge in Burgunder-Sahnesauce

Rezept von Britta Zimmermann, Guldental

4 Personen
braucht Zeit

für die Pfifferlinge

500 g Pfifferlinge
4 EL kalt gepresstes Traubenkernöl
2 Schalotten
100 ml trockener Weißwein (Weißburgunder)
200 g Sahne
1 EL Schnittlauchröllchen
1 EL gehackter Kerbel
1 TL gehackter Thymian
3 EL geschlagene Sahne
Salz
schwarzer Pfeffer

für die Knödel

250 g altbackene Brötchen (etwa 5 Stück)
¼ l Milch
Salz
schwarzer Pfeffer
2 Zwiebeln (50 g)
2 EL Butter
20–40 g Mehl
2 Eier
1 EL gehackte Petersilie
Mehl zum Bearbeiten

Die Pfifferlinge mit einer Pilzbürste oder einem Messer putzen und möglichst nicht waschen, sondern nur abreiben. Das Öl erhitzen und die Pilze darin bei mittlerer Hitze anbraten.

Die Schalotten schälen, klein schneiden, zu den Pfifferlingen geben und mitbraten. Alles mit Salz und Pfeffer würzen und mit der Hälfte des Weins ablöschen.

Die Sahne und den restlichen Wein dazugeben und das Ganze etwas einkochen lassen. Anschließend die Kräuter hinzufügen und die geschlagene Sahne vorsichtig unter die Sauce heben

Für die Knödel die Brötchen grob entrinden und klein würfeln. Die Milch aufkochen und darüber gießen. Mit Salz und Pfeffer würzen und etwas quellen lassen. Die Zwiebeln schälen und klein schneiden. Die Hälfte der Butter erhitzen. Die Zwiebeln darin dünsten und zur Brötchenmasse geben. Das Mehl darauf sieben und zusammen mit den Eiern und der Petersilie vorsichtig mit der Masse verkneten. Den Knödelteig etwa 20 Minuten im Kühlschrank ruhen lassen.

Reichlich Salzwasser zum Kochen bringen. Aus der Brötchenmasse mit leicht bemehlten oder nassen Händen Knödel formen und im kochenden Wasser etwa 15 Minuten ziehen lassen. Die übrige Butter zerlassen. Die Semmelknödel aus dem Wasser heben, abtropfen lassen und darin anbraten. Mit den Pfifferlingen und der Sauce anrichten.

Tipp: Dazu passt der Wein, mit dem die Sauce abgelöscht wurde. Nehmen Sie zum Kochen ruhig einen guten Wein, dann gibt es auch eine besonders köstliche Sauce, den Rest können Sie zum Essen servieren.

Weinlese früher und heute

Nur noch wenige Weingüter lesen die Trauben so wie früher von Hand. Der Grund: Die Arbeit ist sehr anstrengend und zeitaufwendig. Der Vorteil besteht allerdings darin, dass schlechte Trauben noch bei der Lese aussortiert werden können. Das ist anders bei der Vollernte. Die Maschinen ernten alle Trauben.

Mittlerweile lesen rund 90 Prozent der deutschen Winzer mit dem vollautomatischen Ernter. Hauptsächlich in schwer zugänglichen und sehr steilen Lagen wird nach wie vor von Hand gelesen.

Überbackene Weincreme

6–8 Personen
braucht Zeit

- 4 Blatt Gelatine
- ½ l Weißwein
- 220 g Zucker
- Saft und Schale von 1 unbehandelten Zitrone
- ¼ l Wasser
- 12 Eigelb
- 2 EL Speisestärke
- 1 Vanilleschote
- 350 g blaue und grüne Weintrauben
- 6 Eiweiß

Die Gelatine in kaltem Wasser einweichen. Etwas von dem Wein mit 120 g Zucker in einem Topf aufkochen lassen. Die Gelatine ausdrücken, dazugeben und darin auflösen. Den Zitronensaft, den restlichen Wein und das Wasser unter die Weinmischung rühren und den Topf vom Herd nehmen.

In einem zweiten Topf die Eigelbe mit der Speisestärke verrühren. Nach und nach die Weinmischung bei schwacher Hitze unter ständigem Rühren hinzufügen.

Die Zitronenschale und die ausgekratzte Vanilleschote mit dem Mark hinzufügen. Die Weincreme bis kurz vor dem Kochen aufschlagen. Anschließend in einer Küchenmaschine kalt schlagen. Die Creme in eine Auflaufform füllen und im Kühlschrank zugedeckt 3 Stunden kühlen.

Die Weintrauben waschen, halbieren, entkernen und auf die gestockte Weincreme geben. Die Eiweiße und den restlichen Zucker zu sehr steifem Eischnee schlagen. Den Eischnee mit einem Spritzbeutel auf die Weintrauben spritzen. Die Weincreme unter dem Backofengrill goldbraun überbacken. Das Dessert mit Fruchtsaucen servieren.

Wein als Lebensmittel

Ein gutes Essen und ein Glas Wein sind nicht nur eine Wohltat für unsere Seele, sondern auch für den Körper. Wer regelmäßig ein Viertele trinkt, stärkt sein Herz. Die Gerb- und Farbstoffe in der Traubenschale senken darüber hinaus den Cholesterinspiegel und die Thromboseneigung. Es müsste Wein auf Krankenschein geben und das gab es vor 100 Jahren bei der Heidelberger Ortskrankenkasse wirklich!

Von der Rebe zum Fass

Die frisch gelesenen Trauben werden ins Weingut gebracht und unverzüglich weiterverarbeitet. Zunächst werden die Trauben in der Kelter gepresst. Der Most läuft dabei mehr oder weniger vollständig aus der Maische, zurück bleibt der Trester. Der Most wird in Gärtanks durch den Zusatz von speziellen Hefen zum Gären gebracht. Dabei wird der Zucker im Most in Alkohol und Kohlendioxyd aufgespalten. Nach der Gärung wird der Wein von dem Hefegeläger abgezogen und teilweise geklärt und gefiltert. Anschließend wird der Wein in Holzfässern oder Tanks gelagert, ehe er in Flaschen gefüllt wird.

Fladenbrot

1 Brot
geht schnell

Rezept von Annemarie Prinz, Mainz

250 g Weizenmehl
¼ l warmes Wasser
½ Würfel frische Hefe (21 g)
1 Prise Zucker
50 g Kartoffelpüree-Pulver
1 Prise Jodsalz
10 g Olivenöl
Mehl zum Bearbeiten
Olivenöl für das Blech

Von Mehl und Wasser etwas abnehmen und mit der Hefe und dem Zucker in einer Schüssel zu einem Vorteig verrühren. Den Vorteig an einem warmen Ort zugedeckt etwa 15 Minuten gehen lassen, bis sich sein Volumen verdoppelt hat.

Übriges Mehl und Wasser mit Kartoffelpüree-Pulver, Salz und Olivenöl zum Vorteig in die Schüssel geben und alles so lange kneten, bis der Teig nicht mehr klebt und elastisch ist. An einem warmen Ort etwa 30 Minuten zugedeckt gehen lassen, bis sich sein Volumen verdoppelt hat.

Den Backofen auf 200 °C (Umluft 180 °C; Gas Stufe 2) vorheizen. Das Backblech ausfetten. Den Teig auf der bemehlten Arbeitsfläche zu einem Fladen ausrollen, auf das Blech legen und nochmals zugedeckt 10 Minuten gehen lassen. Im heißen Ofen etwa 30 Minuten backen. Kurz vor Ende der Backzeit die Oberfläche mit etwas Wasser bestreichen.

Seelachsfilet in Tomaten-Paprika-Püree

Seelachsfilet in Tomaten-Paprika-Püree

Rezept von Annemarie Prinz, Mainz

4 Personen
geht schnell

600 g Seelachsfilets (à 150 g)
Saft von ½ Zitrone
300 g Strauchtomaten
1 rote Paprikaschote
1 gelbe Paprikaschote
1 Zwiebel
1 Knoblauchzehe
3 EL Essig
1 TL Zucker
Salz
schwarzer Pfeffer
1 Lorbeerblatt
1 Msp. Paprikapulver
Basilikum zum Garnieren

Die Seelachsfilets unter kaltem Wasser abspülen, mit Küchenpapier trockentupfen, mit dem Zitronensaft beträufeln und kühl stellen.

Die Tomaten waschen und ohne Stielansätze zerkleinern. Die Paprikaschoten halbieren, putzen, waschen und würfeln. Die Zwiebel und die Knoblauchzehe schälen und klein würfeln.

Das vorbereitete Gemüse mit Essig, Zucker, etwas Wasser sowie Salz, Pfeffer, Lorbeerblatt und Paprikapulver in einen Topf geben und aufkochen lassen. Das Ganze bei schwacher Hitze so lange kochen lassen, bis eine cremige Paste entsteht. Anschließend mit dem Stabmixer pürieren oder durch ein Sieb streichen. Das Püree in einer feuerfesten Form verteilen.

Den Backofen auf 180 °C (Umluft 160 °C; Gas Stufe 2) vorheizen. Die Seelachsfilets in Medaillons schneiden. Mit Salz und Pfeffer würzen und auf die Tomatenpaste legen. Im heißen Ofen 15–20 Minuten garen.

Das Gericht aus dem Ofen nehmen und mit dem Basilikum garnieren. Mit Reis, Kartoffeln, Nudeln oder Brot servieren.

Tipp: Auf Salz kann in diesem Gericht nach Belieben auch ganz verzichtet werden – zugunsten der Gesundheit. Durch die Gewürze wird es an Geschmack nicht fehlen.

Cocktails

Ein Cocktail mit Salz? Vermutlich fällt Ihnen zuerst die mexikanische Margarita ein. Grundlage jeder Margarita ist Tequila, ein klarer Agavenschnaps. Er wird mit Zitronensaft und reichlich Eis geshaket und in ein gekühltes, mit einem Salzrand dekoriertes Cocktailglas gefüllt. Für den Salzrand reibt man den Glasrand mit einer Zitronenspalte ab und taucht das Glas danach in einen Teller mit Salz.

Salzreduziertes Kochen

Salz ist das einzig genießbare Chlorid. Es ist Bestandteil des menschlichen Körpers, beispielsweise im Blut enthalten, und lebenswichtiger Nährstoff. Salz reguliert den Wasserhaushalt und beeinflusst das Nervensystem. Ein Zuviel an Salz hat jedoch gesundheitsschädliche Auswirkungen, unter anderem auf Herz und Niere und den Blutdruck. Mehr als 8 bis 10 g Salz pro Tag sollte man nicht zu sich nehmen. Wichtig: In vielen Lebensmitteln ist Salz enthalten. Da lohnt es, beim Kochen sparsam mit dem Salz umzugehen. Das Essen muss deshalb durchaus nicht fade sein. Kräuter und Gewürze sorgen ebenfalls für vollen Geschmack.

Zander in der Salzkruste mit warmer Tomaten-Basilikum-Vinaigrette und Rucolakartoffeln

4 Personen
braucht Zeit

für den Fisch

1 küchenfertiger, ganzer Zander (1,5 – 2 kg)
2 Rosmarinzweige
2 Thymianzweige
1 Zwiebel
½ Knoblauchknolle
6 Eiweiß
2,5 kg Salz
100 g Wasser
150 g Mehl

für die Vinaigrette

1 Knoblauchzehe
50 g Olivenöl
2 EL Schalottenwürfel
Saft und abgeriebene Schale
von 1 Limette
50 ml weißer Aceto Balsamico
Salz, schwarzer Pfeffer
200 g Tomatenwürfel
1 EL zerpflücktes Basilikum

für die Rucolakartoffeln

500 g fest kochende Kartoffeln
Salz
20 g Rapsöl
schwarzer Pfeffer
1 Knoblauchzehe
100 g Rucola

Den Zander schuppen und die Flossen abschneiden. Den Fisch waschen und trocknen. Die Kräuter waschen und trockenschütteln. Die Zwiebel schälen und grob würfeln. Mit Kräutern und grob zerdrücktem Knoblauch in die Bauchhöhle des Fischs geben.

Den Backofen auf 200 °C (Umluft 180 °C; Gas Stufe 3) vorheizen. Die Eiweiße leicht anschlagen. Mit Salz, Wasser und Mehl vermischen. Die Hälfte der Masse auf ein Blech geben. Den Fisch darauf betten und mit der zweiten Hälfte der Masse bedecken. Der Kopf kann frei bleiben. Den Zander im Ofen 45 Minuten garen.

Für die Vinaigrette den Knoblauch schälen und hacken. Das Olivenöl erhitzen. Schalotten und Knoblauch darin anschwitzen. Mit Limettensaft und Aceto Balsamico ablöschen, vom Herd nehmen.

Die Limettenschale zur Schalottenmischung geben. Mit Salz und Pfeffer würzen und die Tomatenwürfel darunter rühren. Erst kurz vor dem Anrichten das Basilikum darunter mischen.

Für die Rucolakartoffeln die Kartoffeln waschen und in reichlich Salzwasser nicht ganz weich kochen. Noch warm schälen und je nach Größe halbieren oder vierteln.

Rapsöl erhitzen, Kartoffeln darin anbraten. Salzen und pfeffern. Knoblauch schälen, in Scheiben schneiden und zufügen. Rucola waschen, putzen, zerpflücken, vor dem Anrichten darin schwenken.

Einen Deckel von der Salzkruste abschneiden. Den Fisch filetieren. Mit den Rucolakartoffeln und der Tomaten-Basilikum-Vinaigrette servieren.

Salzherstellung

Das meiste Salz der Erde ist im Meerwasser gespeichert. Meersalz hat einen besonders guten Ruf. Zur Salzgewinnung wird Meerwasser in flache Becken geleitet. Nach dem Verdunsten des Wassers bleibt das Meersalz zurück. Seit alters wird auch in den Alpen Salz gewonnen. Das Salz ist in verschiedenen Tonschichten gespeichert und wird durch Wasser ausgewaschen. Aus der so entstandenen Salzsole wird bei 55°C das Salz gesiedet. Was übrig bleibt, ist besonders reines Salz, das Kochsalz. Unter Gesundheitsaspekten ist mit Jod angereichertes Salz sinnvoll.

Lammtopf Debbegucker Art

Rezept von Hans-Jürgen Albert, Idar-Oberstein

4 Personen
braucht Zeit

500 g Lammfleisch (Keule oder Karree)
schwarzer Pfeffer
5 junge Knoblauchzehen
je 1 Zweig Thymian und Rosmarin
50 ml Olivenöl
4 fest kochende Kartoffeln
Olivenöl zum Braten und Beträufeln
400 g grüne Bohnen
Salz
1 mittelgroße Fenchelknolle
2 Schalotten
200 g Zucchini
200 g Pfifferlinge (ersatzweise Waldchampignons oder Austernpilze)
1/8 l Weißwein (Riesling)
1 Zweig Bohnenkraut

Das Lammfleisch würfeln und mit Pfeffer würzen. Den Knoblauch schälen, 2 Zehen fein hacken, den Rest beiseite legen. Die Kräuter waschen und trocknen. Mit gehacktem Knoblauch und Olivenöl verrühren. Das Fleisch darin etwa 2 Stunden marinieren.

Inzwischen die Kartoffeln schälen und in Würfel schneiden. Etwas Olivenöl erhitzen und die Kartoffeln darin knusprig braten.

Die Bohnen waschen und putzen. In kochendem Salzwasser 4 Minuten blanchieren und in Eiswasser abschrecken. Den Fenchel waschen, putzen und klein würfeln. Die Schalotten schälen. Die Zucchini waschen, putzen und mit den Schalotten grob würfeln. Die Pilze abreiben, putzen und grob zerkleinern.

In einem großen flachen Topf etwas Olivenöl erhitzen. Zuerst den Fenchel darin anschwitzen, dann die Schalotten hinzufügen und mitbraten. Anschließend die Pilze dazugeben und mitgaren. Zuletzt die Zucchini mitbraten. Mit dem Weißwein ablöschen. Die übrigen Knoblauchzehen, die Bohnen und das Bohnkraut darunter mischen und alles mit Salz und Pfeffer abschmecken. Bei schwacher Hitze etwa 5 Minuten zugedeckt garen.

Die Bratkartoffeln zum Gemüse geben und alles zugedeckt ziehen lassen. Das Öl der Fleischmarinade in einer Pfanne erhitzen. Das Fleisch darin kräftig anbraten. Anschließend unter das Gemüse heben. Das Gericht mit etwas Olivenöl beträufeln und zugedeckt auf dem abgeschalteten Herd weitere 5 Minuten ziehen lassen. Das Fleisch sollte noch rosa und saftig sein. Heiß servieren. Eventuell mit ein paar Würfeln geschälten, entkernten Tomaten auf vorgewärmten Tellern anrichten.

St. Laurent

St. Laurent ist eine rote Rebsorte. Ihr Vorkommen ist bereits im 17. Jahrhundert im Elsass belegt. Sie verträgt sich bestens mit dem würzigen Knoblaucharoma. Verbreitet ist St. Laurent heute vor allem in Tschechien und Österreich. Aber auch in Deutschland gewinnt St. Laurent Anhänger und einige Pfälzer Winzer haben sich an den Ausbau herangewagt. Die tieffarbigen Rotweine, die sogar Barriqueausbau vertragen, geben ihnen Recht.

Gesunder Knoblauch

Knoblauch schmeckt nicht nur gut, er tut auch gut. Schon seit alters her gilt er als urgesund – zu Recht. Er enthält drei, vermutlich noch mehr Antibiotika, wirkt antiseptisch, also entzündungshemmend, und regt den Blutkreislauf und die Verdauung an. Außerdem entschlackt er, senkt den Blutdruck und den Cholesterinspiegel, hemmt das Verklumpen der roten Blutkörperchen und beugt Gefäßverkalkungen vor. Vermutlich wirkt Knoblauch sogar gegen Krebs. Mögen die Wirkstoffe auch in Knoblauchpillen enthalten sein, ein köstliches, nach Knoblauch duftendes Essen können sie nicht ersetzen.

Lammkoteletts unter der Knoblauchkruste mit grünen Bohnen

4 Personen
braucht Zeit

für das Fleisch
3 Knoblauchzehen
4 Thymianzweige
2 Rosmarinzweige
80 ml Olivenöl
16 Lammkoteletts à 50 g
Salz, schwarzer Pfeffer

für die Knoblauchkruste
100 g zimmerwarme Butter
Salz, schwarzer Pfeffer
120 g fein geriebenes Weißbrot
3 EL junger, fein gehackter Knoblauch

für die Sauce
2 EL Schalottenwürfel
4 EL Aceto Balsamico
120 ml Fleischbrühe
½ EL gehackter Thymian
½ EL gehackter Rosmarin
30 g Butter
2 EL Tomatenwürfel
Salz, schwarzer Pfeffer

für die Bohnen
200 g grüne Bohnen
Salz, schwarzer Pfeffer
1 Schalotte
1 Knoblauchzehe
20 g Butterschmalz
2 EL Speckwürfel

Die Knoblauchzehen schälen und hacken. Die Kräuter waschen und trocknen. Knoblauch und Kräuter mit dem Olivenöl mischen. Das Fleisch darin über Nacht zugedeckt im Kühlschrank marinieren.

Für die Knoblauchkruste die Butter schaumig rühren, salzen und pfeffern. Das geriebene Weißbrot und den Knoblauch zufügen. Alles glatt rühren, in Frischhaltefolie zur Rolle formen und kalt stellen.

Den Backofen auf 130 °C (Umluft 110 °C; Gas Stufe 1) vorheizen. Das Olivenöl der Marinade in einer Pfanne erhitzen. Die Lammkoteletts darin mit den Kräutern aus der Marinade auf beiden Seiten kurz anbraten, salzen, pfeffern und auf ein mit Alufolie ausgelegtes Backblech legen. Im Ofen etwa 5 Minuten garen. Die Knoblauchkruste in Scheiben schneiden und auf die Lammkoteletts legen. Unter dem vorgeheizten Backofengrill überbacken, bis die Kruste goldgelb ist.

Für die Sauce die Schalottenwürfel in der Pfanne, in der zuvor die Lammkoteletts angebraten wurden, goldbraun anbraten. Mit Aceto Balsamico sowie Fleischbrühe aufgießen und einkochen lassen. Die Kräuter hinzufügen. Die Butter unterrühren, die Tomatenwürfel darunterheben. Mit Salz und Pfeffer abschmecken.

Die Bohnen waschen, putzen, in reichlich Salzwasser blanchieren und kalt abschrecken. Die Schalotte schälen und würfeln. Den Knoblauch schälen und hacken. Das Butterschmalz in einer Pfanne erhitzen, die Speck- und Schalottenwürfel darin anbraten. Den Knoblauch dazugeben und kurz mitbraten. Die Bohnen zufügen, gut durchschwenken und mit Salz und Pfeffer abschmecken. Die Lammkoteletts mit den grünen Bohnen anrichten und mit der Balsamico-Sauce überziehen.

Feiner Knoblauchduft?

Knoblauch enthält stark riechende schwefelhaltige Inhaltsstoffe. Das ätherische Öl Allicin wird nach Knoblauchgenuss über die Schleimhäute und die Haut abgegeben. Dagegen helfen weder Zähneputzen noch Duschen. Früher versuchte man den Geruch mit Anis, Kümmel, Nelken und Zimt zu bekämpfen. Inzwischen werden Äpfeln, frischer Petersilie, Honig, Milch, Rotwein und sogar Wodka geruchsmindernde Wirkung zugeschrieben. Nach wie vor aber gilt: Vor einem Vorstellungsgespräch ist Knoblauchgenuss tabu.

Schaumsuppe vom jungen Knoblauch

4 Personen
geht schnell

für die Suppe
100 g junge Knoblauchzehen
4 EL gesalzene Butter
etwas Wermut
⅛ l Weißwein
¾ l Geflügelfond
Salz, schwarzer Pfeffer
100 ml Sahne
100 g Crème fraîche
2 Scheiben Toastbrot
2 EL Olivenöl
3 EL geschlagene Sahne

für die Knoblauch-Chips
8 Knoblauchzehen
100 g Olivenöl

Für die Suppe den Knoblauch schälen und in dünne Scheiben schneiden. Die Butter in einem Topf zerlassen und die Knoblauchscheiben darin andünsten. Mit dem Wermut ablöschen und den Weißwein sowie den Geflügelfond angießen. Das Ganze etwas einkochen lassen. Mit Salz und Pfeffer würzen. Sahne und Crème fraîche unterrühren und die Suppe einkochen lassen, bis sie sämig ist. Mit Salz und Pfeffer abschmecken.

Das Toastbrot entrinden und klein würfeln. Das Olivenöl in einer Pfanne erhitzen. Die Brotwürfel darin goldgelb braten.

Für die Knoblauch-Chips den Knoblauch schälen und in feine Scheiben schneiden. Das Olivenöl erhitzen und den Knoblauch darin knusprig ausbacken. Auf Küchenkrepp gut abtropfen lassen.

Die Suppe mit dem Stabmixer schaumig aufschlagen und die geschlagene Sahne unterheben. In tiefe Teller füllen, die Brotwürfel und die Knoblauch-Chips darauf streuen.

Lammkoteletts unter der Knoblauchkruste mit grünen Bohnen

Tag-und-Nacht-Pudding

Rezept von Uta Wehrheim, Birkweiler

4 Personen
braucht Zeit

- 120 g Butter
- 400 ml Milch
- 120 g Mehl
- 1 Prise Salz
- Butter für die Form
- Paniermehl für die Form
- 80 g Schokolade
- 6 Eier
- 180 g Zucker
- 120 g geschälte, geriebene Mandeln

Die Butter mit der Milch in einen Topf geben und darin schmelzen lassen. Den Topf vom Herd nehmen. Das Mehl mit dem Salz nach und nach hinzufügen. Den Topf wieder auf den Herd stellen und alles bei schwacher Hitze cremig rühren. Kalt stellen.

Eine Puddingform von 1,5 l Inhalt mit der Butter ausfetten und mit dem Paniermehl ausstreuen. Die Schokolade in einer Schüssel im heißen Wasserbad schmelzen lassen.

Die Eier trennen. Die Eigelbe mit dem Zucker in einer Schüssel schaumig rühren. Nach und nach unter den Teig rühren. Die Mandeln hinzufügen. Die Eiweiße zu steifem Schnee schlagen und unter den Teig rühren.

Die Hälfte der Puddingmasse in die vorbereitete Puddingform füllen. Die übrige Masse mit der Schokolade vermischen und darauf verteilen. Die Form mit dem passenden Deckel verschließen. Den Pudding im Wasserbad 1 Stunde 15 Minuten garen.

Kakao

Schon 1500 vor Christus war Kakao bei den Maya ein Kultgetränk. Durch die spanischen Eroberer gelangte die Kakaobohne nach Europa. Zunächst ein Getränk des Adels, wurde Kakao bald zu einem Genuss für jedermann. Wichtig ist das Entölen. Das fettfreie Kakaopulver lässt sich besser mit Milch oder Wasser mischen. Heute ist besonders die Trinkschokolade beliebt, die außer Kakao auch geriebene Schokolade enthält.

Schokoladenherstellung

In Handarbeit werden die Kakaofrüchte geerntet und die Bohnen herausgelöst. Ihre kakaobraune Farbe erhalten sie durch das Fermentieren. Dabei und beim Trocknen entwickelt sich auch der fein-herbe Geschmack. In der Schokoladenfabrik werden die Kakaobohnen gemahlen und mit Kakaobutter, Zucker und Milchpulver vermischt. Gewürze geben der Rohmasse ihr spezielles Aroma. Die Schokomasse wird anschließend geknetet und gerührt; dabei werden die Zutaten fein verrieben, damit die Schokolade nicht sandig wird. Die fertige Schokolade wird in Formen gegossen.

Mousse au Chocolat »Tricolor« mit geeister Vanille-Mokka-Sauce

4 Personen
braucht Zeit

für die erste Mousse
1 Blatt Gelatine
130 g Vollmilchschokolade
20 g Zartbitterschokolade
1 Ei, 2 EL Wasser
2 EL Rum
250 g geschlagene Sahne

für die zweite Mousse
2 Blatt Gelatine
140 g weiße Schokolade
2 Eigelbe
2 EL Wasser, 4 EL Orangenlikör
abgeriebene Schale von
½ unbehandelten Orange
250 g geschlagene Sahne

für die dritte Mousse
130 g Zartbitterschokolade
1 Ei, 2 EL Wasser
etwas Mokkapulver (löslicher Kaffee)
250 g geschlagene Sahne

für die Sauce
1 Vanilleschote
125 g Sahne, ⅛ l Milch
40 g Zucker
1 EL Espressopulver (Instant)
3 Eigelb
2 Kugeln Vanilleeis

Für die erste Mousse die Gelatine in kaltem Wasser einweichen. Beide Schokoladensorten schmelzen. Das Ei mit dem Wasser in einer Schüssel im heißen Wasserbad aufschlagen. Die Gelatine und die Schokolade dazugeben. Den Rum hinzufügen. Die Mischung glatt rühren und die geschlagene Sahne unterheben. Die Mousse in eine mit Klarsichtfolie ausgelegte Terrinenform füllen und 35 Minuten kalt stellen.

Für die zweite Mousse die Gelatine in kaltem Wasser einweichen. Die Schokolade schmelzen. Die Eigelbe mit dem Wasser in einer Schüssel im heißen Wasserbad aufschlagen. Die Gelatine darin auflösen. Den Orangenlikör, die Schokolade und die abgeriebene Orangenschale darunter rühren und die geschlagene Sahne unterheben. Die zweite Mousse auf die angestockte erste Mousse streichen und die Form gut 2 Stunden kalt stellen.

Für die dritte Mousse die Schokolade schmelzen. Das Ei mit dem Wasser und dem Mokkapulver in einer Schüssel im heißem Wasserbad aufschlagen. Die Schokolade dazugeben, glatt rühren und die Sahne unterheben. Die Mousse auf die ersten beiden Schichten streichen und das Dessert etwa 2 Stunden kühlen.

Für die Sauce die Vanilleschote aufschlitzen und das Mark herauskratzen. Vanilleschote und Vanillemark, Sahne, Milch, Zucker und Espressopulver aufkochen lassen. Die Eigelbe in die Kaffee-Vanille-Milch geben und alles so lange kräftig rühren, bis die Sauce bindet. Vom Herd nehmen, durch ein Sieb passieren, abkühlen lassen und gut kühlen.

Das Vanilleeis in die Sauce geben und alles mit dem Stabmixer schaumig mixen. Die Mousse aufschneiden und mit der geeisten Vanille-Mokka-Sauce anrichten. Eventuell mit Früchten garnieren.

Süße Verführung

Die Vielfalt an Schokoladen und Schokoladenprodukten ist nahezu unüberschaubar. Bitterschokolade enthält mindestens 60 Prozent Kakaomasse, Halbbitterschokolade muss zur Hälfte aus Kakao bestehen. In Vollmilchschokolade sind nur 30 Prozent Kakao enthalten, fast die Hälfte besteht aus Zucker. Ganz ohne Kakao kommt weiße Schokolade aus; sie enthält nur Kakaobutter, Milchpulver und Zucker. Schokolade gibt es als Tafeln, Täfelchen, Pralinen, als Osterhasen und Weihnachtsmänner ... Auch bei der Zugabe von Zutaten kennt die Fantasie der Hersteller keine Grenzen: Nüsse, Mandeln, kandierte Früchte, Rosinen, Getreideflocken und vieles mehr.

Tafelspitz in Essig-Wein-Marinade und Frisée-Salat mit Speck

Rezept von Monika Johaentges, Igel

4 Personen
geht schnell

für den Tafelspitz

1 kleines Bund Schnittlauch
¼ l Honigessig
Salz, schwarzer Pfeffer
¼ l halbtrockener Weißwein (Elbling)
¼ l Traubenkernöl
1 Knoblauchzehe
2–3 mittelgroße Zwiebeln
12 dünne Scheiben gekochtes Rindfleisch

für den Salat

1 Friséesalat
5 Scheiben geräucherter Schinken
3–4 EL Traubenkernöl
3–4 EL Honigessig
Salz, schwarzer Pfeffer
½ Knoblauchzehe

Den Schnittlauch waschen, trockenschütteln und in Röllchen schneiden. Den Essig mit Salz und Pfeffer verrühren. Die Schnittlauchröllchen, den Wein und das Traubenkernöl dazugeben. Den Knoblauch schälen, halbieren und durch die Presse in die Marinade drücken. Alles gründlich verrühren.

Die Zwiebeln schälen und in feine Ringe schneiden. Fleisch und Zwiebeln abwechselnd in eine Form schichten und anschließend mit der Sauce übergießen, bis das Fleisch vollständig bedeckt ist. Das Fleisch mindestens 6 Stunden zugedeckt ziehen lassen.

Den Friséesalat waschen, putzen, trockenschleudern und in mundgerechte Stücke teilen. Den Schinken in Streifen schneiden.

Das Traubenkernöl in einer Pfanne erhitzen und die Schinkenstreifen darin auslassen. Die Pfanne vom Herd nehmen und den Essig in das warme (nicht mehr heiße) Öl gießen. Zum Schluss mit Salz und Pfeffer abschmecken.

Die Salatschüssel mit dem Knoblauch ausreiben. Den Salat hineingeben. Die lauwarme Salatsauce über den Friséesalat geben und alles vermischen. Mit dem Tafelspitz servieren. Dazu passen in Butter geschwenkte und mit Petersilie bestreute Salzkartoffeln oder Bratkartoffeln mit etwas Rosmarin.

Tipp: Das Rezept kann man statt mit Tafelspitz auch mit Sülze oder Schwartenmagen zubereiten.

Essig als Getränk

In der Küche kennen wir Essig schon lange zum Würzen. Neuerdings werden die edlen Tropfen in kleinen Mengen auch als Aperitif oder Digestif getrunken. Dafür eignet sich vor allem hochwertiger Weiß- oder Rotweinessig. Immer mehr Gesundheitsbewusste schwören auf Apfelessig als Getränkezutat. Köstlich und zugleich erfrischend schmeckt übrigens Himbeeressig mit eiskaltem Mineralwasser.

Essigherstellung

Die Chinesen verwendeten bereits 5000 vor Christus Essig als Konservierungsmittel. Basis für jeden Essig ist eine alkoholhaltige Flüssigkeit, beispielsweise Wein. Die in der Luft befindlichen Essigbakterien gelangen in die offen stehende Flüssigkeit und wandeln als Essigmutter durch Gärung den Alkohol mithilfe des Sauerstoffs in Essigsäure um. Essig wird heute fast ausschließlich industriell hergestellt. Zunehmend beliebt und sehr oft qualitativ besser als Industrieessig sind Winzeressige. Essig lässt sich gut mit fremden Aromen verfeinern. Entsprechend groß ist das Angebot an Kräuter-, Schalotten-, Knoblauch-, Himbeeressig usw.

Gebratenes Kabeljaufilet auf Essiglinsen und weißem Balsamicoschaum

4 Personen
braucht Zeit

für den Fisch

30 ml Olivenöl
4 Kabeljaufilets mit Haut
1 Rosmarinzweig
3 Thymianzweige
½ Knoblauchknolle
Salz, schwarzer Pfeffer
20 g Butter

für die Essiglinsen

100 g grüne Linsen
1 Knoblauchzehe
20 g Olivenöl
30 g Schalottenwürfel
100 ml Aceto Balsamico
schwarzer Pfeffer
1 TL gehackter Thymian
2 dicke Scheiben von 1 jungen Knoblauchknolle
50 ml Fischfond
Salz
40 g Butter
1 TL gehackte Petersilie

für den Balsamicoschaum

1 EL Olivenöl
1 EL Schalottenwürfel
50 ml weißer Aceto Balsamico
100 ml Fischfond
Salz, schwarzer Pfeffer
100 ml Crème double
30 g Butter
1 EL geschlagene Sahne

Für den Fisch das Olivenöl in einer Pfanne erhitzen. Die Kabeljaufilets hineinlegen und gut anbraten. Die Filets wenden und mit Salz sowie Pfeffer würzen. Die Kräuter waschen, trockenschütteln und zusammen mit der Knoblauchknolle hinzufügen. Die Kabeljaufilets langsam fertig braten. Kurz vor dem Servieren die Butter hinzufügen. Kräuterzweige und Knoblauch entfernen.

Die Linsen in reichlich Wasser etwa 2 Stunden einweichen. Die Knoblauchzehe schälen und fein würfeln. Das Olivenöl in einem Topf erhitzen. Schalotten und Knoblauch darin kurz anrösten. Mit Aceto Balsamico ablöschen und etwas einkochen lassen.

Die Linsen in ein Sieb gießen und abtropfen lassen. Zu der Essigmischung in den Topf geben und mit Pfeffer würzen. Den Thymian und den Knoblauch hinzufügen. Alles mit dem Fischfond auffüllen und zugedeckt bei schwacher Hitze 15 – 20 Minuten köcheln lassen, bis die Flüssigkeit fast verdampft ist. Den Knoblauch entfernen und die Linsen salzen. Die Butter darunter rühren und die Petersilie unterheben.

Für den Balsamicoschaum das Olivenöl in einer Sauteuse erhitzen und die Schalottenwürfel darin anschwitzen. Mit dem Aceto balsamico ablöschen und mit dem Fischfond auffüllen. Salzen, pfeffern und das Ganze um ein Drittel einkochen lassen. Anschließend die Crème double hinzufügen und die Sauce erneut um ein Drittel reduzieren. Die Butter dazugeben und die Sauce mit dem Stabmixer aufmixen. Die geschlagene Sahne unterheben.

Das Kabeljaufilet mit den Essiglinsen auf Tellern anrichten, mit dem weißen Balsamicoschaum überziehen und mit Kerbel bestreuen. Eventuell mit frittiertem Kartoffelstroh garnieren.

Die große Essigvielfalt

Beim Thema Essig können Feinschmecker ins Schwärmen kommen. Der König unter den Essigen ist Balsamessig, der aus eingekochtem Traubenmost entsteht. Er wird in Holzfässern gelagert, die besten und teuersten Sorten bis zu 20 Jahre. Der bekannteste ist der braune oder weiße Aceto Balsamico. Als Allheilmittel gilt Apfelessig. Aber auch aus anderen Früchten kann Essig hergestellt werden. Branntweinessig, der aus Kartoffeln oder Getreide gewonnen wird, hat kaum eigenes Aroma und wird deshalb nur zum Säuern verwendet.

Unsere Menüvorschläge

Erd-Menü »Für alle Tage«

Feldsalat mit Keimlingen **SEITE 36**

Brokkoliauflauf mit Kartoffelkruste **SEITE 93**

Apfelkuchen für den Herrn Bischof **SEITE 63**

Himmel-Menü »Für festliche Anlässe«

Räucherfischmousse auf Gurkenspaghetti **SEITE 120**

Zander in der Salzkruste mit warmer Tomaten-Basilikum-Vinaigrette und Rucolakartoffeln **SEITE 138**

Orangencharlotte **SEITE 68**

Frühlingsmenü

Überbackene Spargelroulade mit Limettenhollandaise **SEITE 22**

Kräuter-Rinderrolle mit Kartoffel-Sahne-Gratin und Rotweinsauce **SEITE 104**

Vanille-Erdbeer-Schnitte mit karamellisiertem Blätterteig auf Rhabarber-Ingwer-Kompott **SEITE 52**

Sommermenü

Nudeln al Pesto **SEITE 88**

Lammkoteletts unter der Knoblauchkruste mit grünen Bohnen **SEITE 142**

Holunderbeersuppe mit Grießnocken und Apfel **SEITE 59**

Herbstmenü

Kürbisquiche **SEITE 45**

Gebackene Rehschnitzel mit Pfifferlingsragout und Preiselbeerspätzle **SEITE 116**

Überbackene Weincreme **SEITE 134**

Wintermenü

Carpaccio von Roter Bete und Kartoffel mit gebratenen Saiblingsfilets **SEITE 30**

Mit Brezen gefüllte Putenkeule mit weißer Pfefferrahmsauce und Wirsinggemüse **SEITE 108**

Maronen-Sahne-Torte **SEITE 42**

Glossar

Ablöschen: Angebratenes Fleisch, Knochen oder Gemüse mit einer kalten oder warmen Flüssigkeit (Fleischbrühe, Wein u. a.) übergießen.
Aceto Balsamico: Balsamessig wird aus dem Most der italienischen Trebbiano-Trauben hergestellt und vor Verkauf in der Regel in Eichen- oder Kastanienfässern gelagert. Balsamessig reift mindestens 4–5 Jahre, er kann sogar bis zu 40 Jahren reifen. Je höher sein Alter, desto aromatischer und konzentrierter ist er.
Amarettini: Kleine Mandelmakronen mit leicht bitterem Geschmack. Es gibt sie weich oder hart zu kaufen.
Blanchieren: Die meist klein geschnittenen Lebensmittel kurz in sprudelnd kochendem, manchmal gesalzenem Wasser garen und dann in kaltem Eiswasser abschrecken, um den Garprozess zu unterbrechen. Dadurch behalten sie Biss, Farbe und Vitamine.
Buchweizen: Streng genommen ist er gar kein Getreide, sondern gehört zur Familie der Knöterichgewächse. Doch da die geschälten Samen denen des Getreides ähneln, zählt man sie dazu. Buchweizen schmeckt nussartig. Zu kaufen gibt es ihn als ganze Körner, Schrot oder Mehl.
Carpaccio: Ursprünglich hauchdünn aufgeschnittenes rohes Rindfleisch, gewürzt mit Salz, Pfeffer, Zitronensaft und Olivenöl. Heute auch Bezeichnung für hauchdünne Scheiben anderer Lebensmittel mit einer säuerlichen Marinade.
Cashewnüsse: Kommen geschält, geröstet und teilweise auch gesalzen in den Handel und schmecken mild-süßlich.
Chutney: Süß-säuerliche Würzmarmelade aus klein geschnittenen Früchten oder Gemüse, meist gewürzt mit Essig, Zucker und Pfeffer. Chutneys werden in großer Zahl bereits fertig angeboten, auf den Etiketten ist jeweils der Schärfegrad angegeben.
Dämpfen: Beim Dämpfen werden die Nahrungsmittel in Wasserdampf gegart. Es ist die sanfteste Art der Zubereitung, denn der Wasserdampf laugt die Nährstoffe wenig aus. Dämpfen eignet sich besonders für empfindliche Zutaten wie zartes Gemüse, Fisch und Krustentiere. Geeignete Kochgeräte sind der Schnellkochtopf mit Siebeinsatz und der Wok.
Estragon: Würzt Kalbfleisch, Geflügel, Fisch, Eier und Salatsaucen sehr gut. Estragon duftet wie eine Mischung aus Waldmeister und Anis.
Feldsalat: Seine Blätter schmecken herb und etwas nussartig. Feldsalat wird mit und ohne Wurzeln angeboten. Da er meist sehr sandig ist, muss er gründlich gewaschen werden. Nach dem Waschen muss er sorgfältig trockengetupft oder -geschleudert werden, da er Feuchtigkeit verabscheut.
Filetieren: Zum Filetieren von Zitrusfrüchten die Schale (auch die weiße, pelzige Haut) vollständig entfernen. Dann mit einem kleinen, scharfen Messer neben einer Trennwand bis zur Mitte hin einschneiden. Mit einem zweiten Schnitt neben der zweiten Trennwand das Filet herauslösen.
Fond: Ein konzentrierter Auszug aus Knochen und Fleischabschnitten, Wild, Krustentieren oder Fisch mit Gemüse und Kräutern lange gekocht und entfettet. Fonds gibt es in verschiedenen Geschmacksrichtungen fertig zu kaufen.
Friséesalat: Er ist der krause Bruder des Endiviensalates. Charakteristisch für ihn sind seine feingliedrigen Blätter, die innen gelb und außen grün sind. Frisée schmeckt würzig-herb bis leicht bitter.

Gelatine: Geliermittel, hergestellt aus tierischem Eiweiß. Ist in Pulver- und Blattform erhältlich. 1 Blatt Gelatine entspricht etwa 2 g Pulver.
Gratinieren: Das Überbacken von Gerichten, bis sie goldbraun sind oder eine leichte Kruste haben. Das geschieht im Backofen oder Grill. Zum Gratinieren eignen sich fast alle Lebensmittel. Sie werden – roh oder bereits gegart – mit Sahne oder anderer Flüssigkeit begossen und mit Käse, Brot oder Butterflöckchen belegt. Als Gefäße eignen sich feuerfeste Formen.
Jus: Brauner Fleischsaft, meist konzentriert eingekocht, auch Bezeichnung für andere konzentrierte Saucen.
Karamellisieren: Zucker in einer Pfanne oder einem Topf auf dem Herd schmelzen lassen und erhitzen, bis er eine hell- bis dunkelbraune Farbe annimmt.
Kardamom: Hat ein feines, süßliches Aroma. Er passt zu Reis- und Currygerichten, aber auch zu Desserts und Weihnachtsgebäck.
Kerbel: Seine Blätter schmecken leicht süßlich, ein bisschen wie Fenchel und Anis. Kerbel passt zu Eiergerichten, Cremesuppen, Quark und Joghurt sowie zu Kalbfleisch und Fisch. Kerbel sollte niemals lange mitgekocht werden.
Koriander: Die ähnlich wie Petersilie aussehenden Blättchen haben ein streng-scharfes Aroma, welches besonders asiatischen Gerichten eine feine Geschmacksnote verleiht.
Limetten: Werden auch Limonen genannt. Sie sind kleiner, milder und wesentlich saftiger als Zitronen.
Linsensprossen: Schmecken süß und leicht nussartig. Linsen müssen ca. 12 Stunden eingeweicht werden, nach 3 Tagen können die Sprossen geerntet werden. Verwendung: als Rohkost oder im Salat, für Dips und zu Pilzgerichten.
Marinade: Würzige Flüssigkeit aus (verdünntem) Essig oder Wein, auch aus Butter- oder Sauermilch, aus Zitronensaft mit Gemüsen, Kräutern und Gewürzen. Eine Marinade dient der Geschmacksverbesserung und dem kurzen Haltbarmachen von Nahrungsmitteln.
Maronen: Sind essbare Kastanien. Sie sind sehr nahrhaft und sättigend, enthalten reichlich Ballaststoffe, aber wenig Fett, deshalb besonders auch für Diabetiker geeignet.
Passieren: Das Kochgut durch ein Sieb oder ein Passiertuch gießen oder streichen, um eine reine Sauce oder Creme zu erhalten.
Pastinaken: Sind ein spindelförmiges Wurzelgemüse mit aromatisch-würzigem Geschmack, der ein wenig an Maggi erinnert. Man kann sie sowohl roh als auch gegart essen. Vor der Verwendung müssen die Wurzeln gut gewaschen und eventuell geschält werden.
Petersilienwurzeln: Sind kleine spindelförmige Wurzeln mit kräftigem, leicht süßlichem Geschmack. Sie werden häufig nur zum Würzen verwendet, schmecken aber auch als Gemüse sehr gut.
Piment: Schmeckt ähnlich wie Nelken und ist nicht ganz so scharf wie Pfeffer. Er kann aber wie dieser verwendet werden.
Pinienkerne: Schmecken süßlich und werden meist geschält und oft auch bereits geröstet verkauft.
Quiche: Herzhafter, flacher Kuchen aus Mürbe- oder Blätterteig, original mit Eiern, Crème fraîche, Milch und Sahne, heute auch mit Speck, Schinken, Zwiebeln oder Gemüse belegt.

Reduzieren: Wird auch eindicken oder einkochen genannt. Dabei wird das Wasser im Bratensaft, in der Brühe, in Fonds, Marinaden, Sahne, Saucen und Suppen durch Kochen bei großer Hitze zum Verdampfen gebracht, um ein Konzentrat von intensivem Geschmack zu erhalten.
Rucola: Auch bekannt unter Rauke. Ähnelt im Aussehen Löwenzahn- oder Radieschenblättern. Die festen, dunkelgrünen Blätter schmecken kräftig-nussig bis scharf. Sie lassen sich nicht nur roh als Salat, sondern auch wie Spinat als Gemüse zubereiten.
Safran: Er färbt zum Beispiel Paella, aber auch Plätzchen und Kuchen goldgelb. Die Fäden müssen immer in heißem Wasser aufgelöst werden.
Saibling: Ist ein 20 bis 40 Zentimeter großer, forellenartiger Fisch. Sein lachsfarbenes Fleisch schmeckt pochiert und kurzgebraten am besten. Es gibt Bach- und Seesaiblinge.
Sauce hollandaise: Sauce aus in Essig und Wasser eingekochten Zwiebeln und zerdrückten weißen Pfefferkörnern. Wird im Wasserbad mit Eigelben und kaltem Wasser aufgeschlagen, mit warmer Butter verfeinert, leicht gesalzen, mit etwas Zitronensaft und wenig Pfeffer gewürzt und passiert. Muss lauwarm serviert werden. Passt zu Fisch, Krusten- und Schalentieren, feinem Gemüse und Eierspeisen.
Schmand: Auch löffelfester Sauerrahm oder Saure Sahne extra genannt, ist ein gesäuertes Sahneprodukt mit einem Fettgehalt von 20 bis 29 Prozent.
Schmoren: Ist eigentlich ein Mittelding zwischen Kochen und Braten und eignet sich für besonders kräftig schmeckende Fleischgerichte wie Gulasch und Schmorbraten. Geschmort werden kann im Backofen oder auf der Herdplatte. Wichtig beim Schmoren: Der Topfboden muss ständig mit Flüssigkeit bedeckt sein. In der Regel muss man mit 1½ Stunden Schmorzeit rechnen.
Stabmixer: Er kann mixen und pürieren. An ihm sitzt unten ein Messer, das sich zehnmal schneller dreht als die Quirle des Handrührgerätes. Es gibt auch Geräte, die man auf einen Zerkleinerer setzen kann, der Zwiebel, Kräuter und Nüsse fein hackt. Stabmixer kann man direkt in den Topf halten, um Suppen und Saucen zu pürieren. Sie beschädigen die Topfboden nicht.
Tranche: Anderer Begriff für Scheibe oder Schnitte.
Vinaigrette: Salatsauce aus Essig, Salz, Gewürzen und Öl. Die klassische Vinaigrette enthält 1 Teil Essig und 3 Teile Öl. Dressing ist ebenfalls eine Salatsauce, die auch andere Zutaten enthalten kann.
Velonté: Eine weiße Grundsauce, die aus einer Mehlschwitze hergestellt wird. Darin wird weißer Kalbsfond aufgekocht und mit Gewürzen verfeinert.
Wasserbad: Für ein Wasserbad Wasser in einem großen Topf auf 75 – 85°C erhitzen und dann auf mittlere Temperatur zurückschalten. In den heißen Wasserdampf eine Schüssel mit der Sauce oder der Creme hängen und ständig rühren. Im Wasserbad werden Lebensmittel gegart oder erwärmt, die bei höherer Temperatur gerinnen oder ausflocken würden.
Zander: Ist das Feinste, was unsere Seen zu bieten haben. Sein weißes Fleisch ist zart und mild im Geschmack. Doch Vorsicht beim Schuppen! An seinen spitzen, mit Schleim überzogenen Stacheln kann man sich leicht verletzen.

Alphabetisches Rezeptverzeichnis

Rezeptverzeichnis nach Rubriken

Brot

Kuchen und Desserts

Von Johann Lafer sind im FALKEN Verlag zahlreiche Titel zum Thema »Essen und Trinken« erschienen. Sie erhalten sie überall dort, wo es Bücher gibt.

Sie finden uns im Internet: **www.falken.de**

Wenn Sie Fragen zu speziellen Formen oder Küchengeräten haben, die in den Rezepten verwendet werden, wenden Sie sich bitte an folgende Adresse:
Johann Lafer's Table d'Or GmbH,
Hauptstraße 3, 55452 Guldental

Der Verlag dankt der Firma WMF Aktiengesellschaft in Geislingen/Steige für die freundliche Unterstützung.

Der Text dieses Buches entspricht den Regeln der neuen deutschen Rechtschreibung.

ISBN 3 8068 7587 1

Umschlaggestaltung: Peter Udo Pinzer
Titelbild: Fotostudio Hartmann, Taunusstein
Layout und Satz: Johannes Steil, Wiesbaden
Redaktion: Bettina Snowdon
Lektorat der Rezepte: Antje Leipsic, München
Vorwort und Einleitungstexte *Seite 12 – 15:*
Wolfgang Junglas, Mainz
Einleitung Seite 7 bis 11 und Seite 15 und rezeptbegleitende Texte:
Dr. Dietrich Voorgang, Heidenrod
Weitere rezeptbegleitende Texte:
Claudia R. Heinbach, Frankfurt
Bildbeschaffung: Erika Velten
Herstellung: Ortrud Müller
Rezeptfotos: Wolfgang Feiler, Karlsruhe
Weitere Fotos im Innenteil:
Fotostudio Hartmann: Seite 6 und 7;
WMF Aktiengesellschaft, Geislingen/Steige: Seite 8, 9 und 10; Faber & Partner, Düsseldorf: Seite 12 und 13
Reproduktion: Lithotronic, Frankfurt
Druck: Mohn Media GmbH, Gütersloh

817 2635 4453 6271